지장보살,
원력에 스며들다

지장보살,
원력에 스며들다

목경찬 지음

선업의 싹을 틔우고
공덕을 쌓아가는 지장신앙

담앤북스

들어가는 말

지장보살과 필자의 인연은 30대 초 참회기도로 시작했습니다. 기도하려는 필자에게 스님은 우선 『지장경』 독송과 함께 참회기도를 권하셨습니다. 모든 기도의 시작은 참회, 즉 지난날의 반성이 우선이라는 가르침과 함께 말입니다. 필자가 지금까지 부처님 가르침과 함께할 수 있는 인연 가운데 하나가 그때 그 스님의 가르침 덕분입니다. 그 인연이 이어져 지금 이렇게 지장보살의 원력에 스며드는 이야기를 전합니다.

지장보살은 "육도중생을 제도하기 전에는 부처님이 되지 않겠다."라고 발원한 보살입니다. 그 발원의 힘(원력願力)이 어느 보살보다 크기 때문에 대원본존大願本尊 지장보살이라 합니다.

지장신앙은 아미타신앙(정토신앙), 관음신앙과 함께 불교의 3대 신앙에 들어갑니다. 불교의 신앙은 중생의 이해와 요구에 맞게 경전의 일부 내용을 각색하여 신앙의 중요 내용으로 삼기도 합니다. 가령, 관음보살이 보이는 세계와 현실적인 삶을 담당한다면, 지장보살은 보이지 않는 세계, 죽음, 저승 등 내세를 담당합니다. 그래서 현실 문제는 모두 관음보살에게 기도하고, 돌아가신 분을 천도한다든지 망자(영가)와 관련된 일은 지장보살에게 기도합니다.

그리고 지장보살을 모신 전각을 지장전, 명부전冥府殿이라 합니다. 이때 명부는 저승을 말합니다. 죽은 뒤에 망자가 다음 생을 위한 심판을 받는 곳입니다. 그곳에서 지장보살은 중생을 변호하고 구제하는 보살로서 위치합니다.

이러한 사찰 문화로 인해, 지장보살 하면 내세신앙으로 알고 있는 불자가 많습니다. 그런데『지장경』등을 보면, 지장보살은 내세뿐만 아니라 현세 이익도 중생에게 응해줍니다. 지장보살의 가피로 중생들은 모든 재난으로부터 벗어나고, 원하는 것을 이루고, 마침내 깨달음을 얻습니다. 그런데 중생의 고통을 함께하고자 하는 자비로운 마음에서인지 이 땅의 지장신앙은 경전에서 언급한 사후 세계 이야기를 강조한 측면이 큽니다.

『지장보살본원경』,『대승대집지장십륜경』,『점찰선악업보경』을 '지장삼부경'이라 합니다. 현재 널리 독송하는『지장경』은『지장보살본원경』입니다.『지장보살본원경』은『지장본원경』이라고도 하고,『대승대집지장십륜경』은『지장십륜경』이라고도 합니다.『지장보살본원경』과『대승대집지장십륜경』은 지장신앙의 핵심을 담고 있으며,『점찰선악업보경』은 참회를 중심으로 지장신앙을 대중화했습니다.

이 책에서는 지장삼부경을 통해 크게 다섯 가지 방향으로 지장보살에게 다가가고자 합니다.

제1장 「대원본존 지장보살」에서는 지장보살 명호의 의미를 알아보면서 육도중생을 제도하고자 발원한 지장보살이 어떤 분인지 알아봅니다.

제2장 「지장보살의 발원」에서는 지장보살이 여러 생애 거듭 발원한 이야기와 발원 내용을 알아보고, 그 발원이 마침내 우리 삶에 함께함을 확인합니다.

제3장 「지장보살의 공덕」에서는 어느 보살도 비교할 수 없는 지장보살의 공덕을 알아보고, 지장보살의 가피를 구하고자 하는 마음을 냅니다.

제4장 「업과 지옥」에서는 업과 지옥에 대한 경전 말씀을 통해 우리의 삶을 직시하고, 지장보살의 가피를 구하는 실천으로 나아가고자 합니다.

제5장 「지장보살의 가피를 위한 실천 수행」에서는 지장보살의 원력과 하나가 되어 가피를 받게 되는 불상 조성, 예배(절), 찬탄, 공양, 보시, 참회, 염불, 독송, 회향 등 다양한 실천 수행을 알아봅니다.

지장보살 이야기가 한 권의 책으로 나올 때까지 많은 분이 도움을 주셨습니다.

우선 천안 각원사 불교대학 경해학당의 인연입니다. 각원사 조실 경해법인 큰스님, 주지 대원 스님 그리고 각원사 모든 식구에게 고마운 마음을 담아 삼배의 예를 올립니다.

흔쾌히 출판을 맡아준 담앤북스 오세룡 대표, 책을 정성스럽게 꾸며준 담앤북스 유나리 선생 및 직원분들에게 고마운 마음을 전합니다.

이 책을 쓰면서 매일 『지장경』을 독송했습니다. 독송과 이 책의 공덕으로 병의 고통에 힘든 지인과 지인 가족이 하루빨리 쾌유하기를 지장보살전에 기원합니다. 그리고 돌아가신 분의 극락왕생을 기원합니다.

나무 지장보살
나무 지장보살
나무 지장보살

불기 2565년(2021년) 8월,
지장보살님의 가피를 간절히 기원하며

목경찬 두 손 모음

차례

제 1 장

대원본존 지장보살

01

지장보살 명호의 의미,
땅처럼
선근 종자를 품다

농을 한다. 삶에 지장이 많으면 지장보살을 찾으라고. 그리고 지장보살을 친견하고 꼭 본인의 발원을 종이에 적은 뒤 지장보살의 지장指章을 받으라고.

지장보살의 한자 이름 지장은 한자로 '地藏'이라 쓴다. 地는 '땅'이라는 뜻이고, 藏은 '창고, 저장하다, 감추다'라는 뜻이다. 보통 지장보살의 '지'는 대지, '장'은 태胎나 자궁이라고 풀이한다. 따라서 '지장'은 아기를 잉태한 모태처럼 만물을 기르는 힘을 땅에 비유하여 보살의 덕을 나타낸다. 땅이 온갖 풀과 나무를 지지하고 키워 자라나게 하듯이 지장보살이 중생을 보살피고 지켜줌을 비유한다. 또 땅이 온갖 보배를 간직하고 있듯이 무수한 선근善根 종자를 품고 있으므로 '지장'이라고 한다. 선근은 선한 결과(선과善果)를 일으키는 원인이다.

원효 스님은『금강삼매경론』에서 '지장'이라 이름한 이유를 다음과 같이 언급한다.

> "(지장보살은) 이미 동체대비를 얻어 일체중생의 선근을 생장한다. 마치 대지(地地)가 초목을 자라나게 하는 것과 같다. 다라니로써 모든 공덕을 간직하고 일체중생에게 다함없이 베푼다. 마치 커다란 보배 창고(장藏)에 값진 보배가 다함이 없는 것과 같다. 이러한 두 가지 뜻으로 지장이라 이름한다."
>
> 『금강삼매경론』 하권

그런데 경전에는 지장보살이라고 부르는 이유가 명확하게 드러나지 않는다. 그렇지만 간혹 지장보살을 찬탄하는 경전 구절 가운데에서 '지장'의 의미를 엿볼 수 있다.

> "지장보살은 헤아릴 수 없는 뛰어난 공덕으로 장엄했다.
>
> …
>
> 늘 지혜롭게 보시하니, 마치 바퀴가 끊임없이 굴러가는 듯하다. 지계持戒(계를 지킴)는 굳고 흔들림이 없으니, 마치 묘고산妙高山과 같다. 정진은 무너뜨릴 수 없으니, 마치 금강 보배와 같다. 진리에 잘 머물러 흔들리지 않으니, 마치 대지大地와

같다. 선정은 깊고 그윽하니, 마치 비밀스러운 창고(비장祕藏)
와 같다.”

『지장십륜경』「서품」

“이 대보살은 여러 가지 미묘한 공덕을 눈에 보이지 않게 감
추어 저장하고 있으며 모두 해탈의 진귀한 보배가 나오는 문
이다. 마치 여의보주와 같이 많은 재보를 흩뿌려주듯이 중생
들이 희망하는 바에 따라서 모두를 만족시킨다.”

『지장십륜경』「서품」

“(지장보살은) 잃어버린 길을 보여주는 밝은 달이고, 선근을
낳는 것이 대지와 같고, 미혹을 깨뜨리는 것이 금강과 같다.”

『지장십륜경』「서품」

이렇게 경전 말씀을 통해 앞의 내용처럼 지장이라는 이름을 정리
했으리라. 그런데 사실 이러한 설명은 그렇게 크게 와닿지 않는다.
그래서인지 필자는 『지장경』의 어떤 내용을 각색한 듯한 다음 이야
기가 마음에 남는다.
　지장보살이 전생에 소녀였을 때 일이다. 어느 날 각화정자재왕부
처님을 친견하러 가는 길이었다. 가는 길에 자신이 가진 것을 필요
한 이들에게 다 주다 보니 속옷마저 주게 되었다. 소녀는 더 나아가

지 못하고 흙구덩이(지地)에 몸을 감추고(장藏) 부처님께 기도했다. 이때 부처님이 나타나 소녀에게 보살이라 칭하고 소원을 들어주셨다. 이때부터 '지장'이라 했다고 한다.

02

남방화주
대원본존
지장보살

나무 유명교주 지장보살 南無 幽冥教主 地藏菩薩 (절)

나무 남방화주 지장보살 南無 南方化主 地藏菩薩 (절)

나무 대원본존 지장보살 南無 大願本尊 地藏菩薩 (절)

지장보살에게 예를 올릴 때, 지장보살을 모시는 게송이다.

지장보살은 육도중생을 모두 구제하기 전에는 성불하지 않겠다
는 발원을 했기 때문에 대원본존이라고 한다. 또는 유명교주幽冥
教主라고도 한다. 유명은 진리의 빛이 없는 어두운 곳이다. 삼악도
(지옥, 아귀, 축생) 또는 저승을 말한다. 저승은 명부冥府라고 하며, 죽
어서 심판받는 곳이다. 지장보살은 저승에서 중생 구제에 힘쓰기
때문에 유명교주다.

남방화주南方化主는 '남방에서 중생을 교화하는 주인'이라는 뜻으로 지장보살을 말한다. 그렇다면 남방은 어디를 말하는가?

여기서 잠시, 불교 경전에서는 세상을 가장 높은 산인 수미산을 중심으로 다음과 같이 설명한다.

우선, 수평으로는 수미산을 포함하여 아홉 개 큰 산과 여덟 개의 큰 바다가 나이테처럼 펼쳐져 있다. 이를 구산팔해九山八海라고 한다. 마지막 바다에는 동남서북으로 네 개의 대륙이 있고, 마지막 산인 철위산鐵圍山이 둘러싸고 있다. 남쪽 대륙인 남섬부주에 우리가 살고 있다. 남섬부주는 '남쪽에 잠부Jambu라는 나무가 자라는 땅'이라는 뜻이다. 잠부는 인도어로서 '섬부' 또는 '염부'로 한역한다. 또 남섬부주南贍浮洲는 남염부제南閻浮提라고도 한다.

수직으로는 땅 아래 풍륜, 수륜, 금륜이 있고 위로는 욕계천欲界天 등 여러 하늘이 있다. 욕계천에는 아래부터 사천왕천, 도리천, 야마천, 도솔천, 낙변화천, 타화자재천이 있다. 그리고 범천이라는 색계천이 이어진다. 경전에서 하늘(天)이라고 할 때는 공간적인 하늘을 말하기도 하지만, 하늘에 사는 중생도 하늘이라고 한다. 그래서 하늘에 사는 중생을 하늘, 하늘중생, 천신天神이라고 표현한다. 이는 고대 인도에서 생각한 바와 다르지 않다.

『지장십륜경』에 의하면, 석가모니부처님께서 수미산 근처 거라제야산佉羅帝耶山에서 설법하고 있을 때, "지장보살은 수많은 보살과 함께 신통의 힘으로 성문의 모습을 하고 남쪽으로부터 왔다."라고 한다.

이 문장을 남방화주 지장보살과 연결해보자. 수미산에서 볼 때 남쪽은 남섬부주다. 그래서 남방을 우리가 사는 남섬부주로 보기도 한다. 이는 우리에게 가까운 지장보살로서 모시고자 하는 마음에 남섬부주를 중심으로 남방화주 지장보살이라고 지칭하는 듯하다.

그런데 남방의 범위는 더욱 확대될 수 있다. 말하자면, 지장보살의 교화 지역은 남섬부주로 한정되지 않는다는 뜻이다. 지장보살은 육도중생을 제도하겠다고 발원했기 때문이다. 더욱이 『지장경』에서는 "**사바세계에 미륵부처님이 출세하여 오실 때까지 중생을 다 해탈케 하여 영원히 모든 고통에서 떠나게 하고 부처님의 수기를 받도록 하라.**"라고 했다.

사바는 범어(인도어) 사하sahā의 음역으로 인忍·감인堪忍·능인能忍이라 번역한다. 따라서 사바세계란 인토忍土·인계忍界·감인토堪忍土로서 '참지 않고는 살 수 없는 세계'를 말한다. 처음에는 이 단어를 우리가 사는 염부제의 뜻으로 썼지만, 뒤에는 석가모니부처님의 교화가 삼천대천세계三千大千世界에 미친다고 생각하게 되어 10억의 수미산 세계를 총칭해서 사바라 한다.

삼천대천세계라는 용어도 경전에 자주 등장한다. 수미산 중심의 세계 1000개를 소천小千세계라 하고, 소천세계 1000개를 중천中千세계라 하고, 중천세계 1000개를 삼천대천세계라고 한다. 즉, 삼천대천세계는 10억세계다.

　이처럼 지장보살의 교화 범위는 넓다. 삼천대천세계 그 이상이다. 남방화주라고 하여 남방만 지장보살의 교화 지역은 아니다. 남방을 남섬부주로 보는 것은 지장보살에 대한 우리의 간절함이 담겨 있기 때문이다.

03

삭발을 하거나
두건을 두른
지장보살

법당 등에서 뵙는 지장보살은 참으로 소박한 모습이다. 삭발한 모습이거나 머리에 두건을 두르고 있다. 화려한 보관을 쓴 관세음보살이나 문수보살 등과 사뭇 다르다. 그렇다면 왜 지장보살은 그처럼 중생에게 가까운 친숙한 모습을 하고 있을까?

우선 삭발한 이유는 『지장십륜경』「서품」에서 찾아볼 수 있다. 이 경전은 상서로운 광경으로부터 시작된다. 향구름이 모이고 향비가 내리고, 그 가운데 여러 가르침의 소리(법음)가 펼쳐진다. 묘한 광명이 비치며, 온 세상이 즐거움으로 가득하게 된다. 대중들은 이러한 상서로운 광경에 놀라며 궁금해한다. 이때 무구생이라는 한 제석천이 석가모니부처님에게 그 이유를 여쭈었다. 부처님께서 말씀하셨다.

"너희들은 마땅히 알아야 한다. 지장이라고 하는 보살이 있다. 그는 헤아릴 수 없이 먼 과거의 대겁大劫 이전 오탁악세五濁惡世, 부처님이 계시지 않는 세계에서 중생을 제도했다. 지금 현상은 그가 수많은 보살과 함께 이곳으로 와서 나에게 친근親近하고 공양하고자 하기 때문이며, 이 큰 모임을 보고 따라 기뻐하기 때문이다. 또 지장보살의 권속 모두가 성문聲聞의 모양을 하고 장차 이곳에 오기 위해서 신통력으로써 이 같은 변화를 나타낸다…."

그때 지장보살은 수많은 보살과 함께 신통의 힘으로 성문의 모습을 하고 남쪽으로부터 왔다. 지장보살은 부처님 앞에 이르러서 모든 권속과 함께 세존의 두 발에 이마를 대고 예배하고 공경하고서 오른쪽으로 세 번을 돌았다.

『지장십륜경』「서품」

성문은 '소리(聲)를 듣는(聞) 사람'이라는 뜻으로, 부처님이 계실 당시 부처님의 제자를 말한다. 부처님 제자이니 당연히 삭발한 모습이다. 경전에 지장보살이 성문의 모습으로 나타났다고 했으니 법당에 모신 지장보살 또한 삭발한 모습이다.

경전 말씀 하나하나에는 모두 의미 있는 가르침이 있다. 그렇다면 지장보살이 삭발한 모습에는 어떤 가르침이 있을까? 대승불교에서 성문을 소승의 수행자로 보았다는 점에서 오늘날 다음과 같이 풀이한다.

'대승불교가 나타나면서 소승의 수행자상인 성문을 경시했다. 그런데 지장 사상에 이르러 관점이 바뀌었다고 해석할 수 있다. 지장보살의 대비와 대원이 넓고 깊으므로 지장 사상은 소승과 대립하여 배척하는 대승이 아니라 오히려 소승을 융화하는 대승이다. 그러므로 보살이면서도 모양은 성문의 모습으로 나타난다. 안으로는 보살의 대행을 지니면서도 중생을 제도하기 위해서는 중생과 더 가까이하기 쉬운 스님의 모습을 한다. 육도를 다니면서 일체중생을 교화하려는 지장보살의 원력과 사상의 특색이 잘 나타나 있다.'

어떤 이는 단순하게 이렇게 설명한다. "지장보살은 중생과 함께하려다 보니 너무도 바쁘고 바빠서 보관이나 화려한 옷을 입으면 거치적거리기 때문이다."

다음, 두건을 쓴 지장보살의 모습에는 어떤 연유가 있을까. 『환혼기』에 재미있는 이야기가 있다.

옛날 중국에 도명 스님이라는 분이 있었다. 그런데 동명이인이 있어 저승사자의 착오로 명부에 갔다가 다시 세상에 돌아왔다. 이 스님이 저승에 가서 지장보살의 모습을 보니, 지장보살은 두건을 쓰고 영락瓔珞을 두르고 석장을 들고 보배 연꽃을 밟고 사자를 데리고 있었다. 그리하여 이후 법당에 두건을 쓴 지장보살이 등장했다.

사찰에 모신 지장보살은 머리에 두건을 두르고, 왼손에는 연꽃을, 오른손에는 보주 또는 석장인 육환장六環杖을 들고 있다. 육환

▲ 두건을 쓰고 육환장을 든 진천 보탑사 지장보살상

장은 지옥, 아귀, 축생, 수라, 사람, 하늘의 육도를 상징하며, 육도를
윤회하는 중생들을 구제한다는 뜻이다. 이 육환장으로 1년에 한 번
우란분절(백중)에 열린다는 지옥문을 열어 지옥중생을 구제한다.
지장보살의 가피를 구하는 중생의 염원이 담긴 이야기다.

또는 지장보살은 불법佛法을 상징하는 법륜法輪(진리의 수레바퀴)을
들고 있다. 중생에게 부처님 가르침을 전하고 부처님 세계로 이끌
고자 하는 의미다.

04

다양한 모습으로
나타나는
지장보살

　지장보살이 삭발 또는 두건을 쓴 수행자의 모습을 지닌다고 해서, 꼭 그런 모습으로만 나타나는 것은 아니다. 관세음보살은 자신을 부처님을 비롯한 여러 모습으로 나타내어 중생을 제도한다. 이를 33응신應身 또는 32응신이라고 한다. 응신은 중생의 근기에 응하여 나타난 몸이라는 뜻으로 이해하면 된다. 지장보살 역시 다양한 모습으로 나타나 중생을 제도한다.

　　"이 선남자(지장보살)는 이렇게 내가 말하는 것과 같이 불가
　　사의한 온갖 공덕과 견고한 서원과 용맹정진을 성취했다. 중
　　생을 제도하기 위하여 시방세계에서 어떤 때는 대범왕의 몸
　　이 되어 나타나서 중생의 근기에 맞게 설법한다. 혹은 대자재

천의 몸이 되고, 혹은 욕계 타화자재천의 몸이 되며, 혹은 낙변화천의 몸이 되며, 혹은 도솔천의 몸이 되며, 혹은 야마천의 몸이 되며, 혹은 제석천의 몸이 되며, 혹은 사대왕천의 몸이 된다.

혹은 부처님의 몸이 되며, 혹은 보살의 몸이 되며, 혹은 독각의 몸이 되며, 혹은 성문의 몸이 된다.

혹은 전륜성왕의 몸이 되며, 혹은 크샤트리아의 몸이 되며, 혹은 바라문의 몸이 되며, 혹은 바이샤의 몸이 되며, 혹은 수드라의 몸이 된다. 혹은 장부의 몸이 되며, 혹은 부녀자의 몸이 되며, 혹은 어린 남자의 몸이 되며, 혹은 어린 여자의 몸이 된다.

혹은 건달바의 몸이 되며, 혹은 아수라의 몸이 되며, 혹은 긴나라의 몸이 되며, 혹은 마후라가의 몸이 되며, 혹은 용의 몸이 되며, 혹은 야차의 몸이 된다. 혹은 나찰의 몸이 되며, … (여러 악귀의 몸으로 나타난다.)

혹은 사자의 몸이 되고, 혹은 코끼리의 몸이 되고, 혹은 말의 몸이 되고, 혹은 여러 짐승의 몸이 된다.

혹은 염마왕의 몸이 되고, 혹은 지옥 포졸의 몸이 되며, 혹은 지옥중생의 몸이 된다. 이처럼 헤아릴 수 없는 무수한 다른 몸이 되어 그 중생의 근기에 맞게 법을 설한다."

『지장십륜경』「서품」

지장보살은 대범천왕부터 사대왕천까지 하늘의 모습, 부처님과 보살·독각·성문 등의 수행자의 모습, 전륜성왕부터 어린아이까지 다양한 사람의 모습, 건달바에서 용까지 여러 신의 모습, 나찰, 야차 같은 여러 악귀의 모습, 사자·코끼리·말 등과 같은 짐승의 모습, 염라대왕·지옥 포졸·지옥중생 등의 몸으로 나타난다. 이처럼 지장보살은 다양한 모습을 나타내어 그 중생의 상황에 맞게 설법하여 중생을 제도한다.

지장보살의 경우 경전에서 염라왕·지옥 포졸·지옥중생 등의 모습으로 나타난다고 부각한 점이 특이하다. 물론 관세음보살도 경전에서는 언급하지 않지만 지옥중생의 모습으로 나타난다.

그런데 오늘날 우리나라 사찰에서는 관세음보살의 다양한 모습을 모시거나 설법을 통해 언급하지만, 지장보살을 여러 모습으로 모시거나 언급하는 경우는 거의 없다. 그것은 삭발한 지장보살의 모습 자체가 대중 친화적이기 때문인지도 모른다. 두 분의 보살뿐만 아니라 모든 불보살님은 다양한 모습으로 나타나서 중생을 제도하신다. 따라서 바로 우리 옆에 있는 이가 지장보살이고, 관세음보살일 수 있다.

05

지장보살, 미륵보살
성불 전까지
중생을 구제하다

　지장보살은 석가모니부처님께서 입멸하신 뒤 미륵부처님이 출현하실 때까지 56억 7000만 년 동안, 이른바 부처님이 계시지 않는 '부처님 공백기' 동안에 중생을 구제하는 보살이다. 그렇다면 지장보살은 부처님 권한대행인 셈이다. 즉, 부처님이 계시지 않는 시대에 부처님을 대신하여 천상에서 지옥까지 일체 모든 중생을 교화하여 해탈케 하겠다는 서원을 세운 보살이다.

　『지장경』에는 석가모니부처님께서 지장보살에게 다음과 같이 말씀하신다.

　"그대는 잘 살펴라. 나는 이처럼 교화하기 어려운 거칠고 억센 중생을 부지런히 힘써 제도했다. 그 가운데 아직도 조복

하지 못한 이가 있어 업보를 따라 악도에 떨어져 큰 고통을
받게 된다. 그때 그대는 마땅히 내가 도리천궁에서 부촉附囑
(부탁)한 것을 생각하고, 사바세계에 미륵부처님이 출세하여
오실 때까지 중생을 다 해탈케 하여 영원히 모든 고통에서 떠
나게 하고 부처님의 수기를 받게 하라."

『지장경』 제2품 「분신집회품」

　지장보살이 부처님께 말씀드렸다.
　"세존이시여, 저는 부처님의 위신력을 입었으므로 백천만
억 세계에 두루 이 몸 형상을 나누어 나타내어 일체 업보 중
생을 구원하겠습니다. 만약 부처님 대자비의 힘이 아니라면
저는 위와 같은 변화를 하지 못합니다. 제가 이제 또한 부처
님의 부촉을 받았으니, 아일다(미륵보살)가 성불할 때까지 육
도중생을 해탈하게 하겠습니다. 원컨대 세존께서는 염려하
지 마십시오."

『지장경』 제4품 「염부중생업감품」

　'아일다'는 미륵보살을 말한다. 인도어로 '가장 뛰어나다'라는 뜻
이다. 무능승無能勝이라고 번역한다.
　지장보살은 헤아릴 수 없는 겁 이전부터 육도중생을 제도하고자
발원한 보살이다. 『지장경』에 의하면, 도리천궁 법회에서 석가모

니부처님으로부터 부촉을 받았다. '미륵부처님이 출현할 때까지 중생을 모두 다 해탈케 하여 영원히 모든 고통에서 떠나고 부처님의 수기를 받게 하라.'는 부촉이다. 그리고 지장보살은 석가모니부처님의 부촉을 받으면서 중생을 구원하겠다는 발원을 또다시 다짐했다.

06

미륵
부처님이
오시는 날

지장보살은 미륵부처님이 오시기 전까지 중생 제도를 발원했다. 그런데 과연 미륵부처님은 언제 오시는가? 보통 56억 7000만 년 뒤에 이 땅에 오신다고 한다.

그렇다면 56억 7000만 년이라는 숫자는 어떻게 나왔을까? 우선 도솔천에 계신 미륵보살은 그 수명이 다해야 이 땅에 다시 온다. 『구사론』 등에 의하면, 도솔천의 하루는 인간의 400년에 해당하고, 도솔천에 사는 이들의 수명은 4000년이다. 그 도솔천의 수명을 인간 세계의 햇수로 계산하면 5억 7600만 세다.

도솔천 수명 4000년 × [(400년(=도솔천의 1일) × 30일(=1개월)) × 12개월]
= 5억 7600만 세

그런데 보통 미륵부처님이 이 땅에 오는 날은 5억 7600만 년이 아니라 56억 7000만 년 뒤라고 한다. 그리고 이를 경전마다 다르게 나타내고 있다. 57억 600만 년(『잡아비담심론』), 56억 7000만 년(『보살처태경』, 『현우경』), 56억 1만 세(『미륵상생경』, 『일체지광명선인자심인연불식육경』) 등이다.

각각의 경전에 나타난 숫자는 다르지만, 자세히 살펴보면 '5, 7, 6'이라는 숫자는 공통된다. 아마 경전이 유포된 지역마다 숫자 단위가 다르거나 셈법이 다르기 때문이라고 추정해볼 수 있다. 가령 10리를 우리나라에서는 4킬로미터, 일본에서는 40킬로미터로 규정하는 것처럼, 또는 우리나라에서 지역이나 대상에 따라 1근을 600그램 또는 400그램으로 계산하는 것처럼 말이다.

그렇다면 56억 7000만 년 뒤 미륵부처님이 올 때, 이 세상은 어떤 모습일까? 『미륵하생경』에는 재미있는 내용이 묘사되어 있다.

"…곡식이 풍부하고 백성이 번성하고 모든 값진 보물이 많고 마을끼리 서로 가까워 닭 울음소리가 들리리라. … 기후도 화창하고 계절의 절기가 알맞으므로, 사람들의 108가지 걱정거리가 없어지며 탐욕·성냄·어리석음도 크게 염려할 것이 없어 사람들의 마음이 다 고르리라. … 똥오줌을 누려는 생각만 있으면 땅이 저절로 열렸다가 일이 끝난 뒤에는 다시 땅이 합쳐지리라. … 자거·마노·진주·호박·금·은 같은 값진 보

배들이 땅에 흩어져 있어도 욕심내는 사람이 없고 … 그리고
'양카'라고 이름하는 법왕이 세상을 바른 법으로 다스려 교화
함으로써 일곱 가지 보배를 성취하리니, … 그때에는 네 개의
큰 보배 창고가 저절로 생길 것이니라. … 그 창고를 지키는
사람들이 각각 왕에게 '원컨대 대왕이시여, 이 창고의 물건을
빈궁한 이에게 베푸소서.'라고 할 것이다. … 그때 양카 대왕
은 보물을 얻고 나서 살펴보지도 않고 재보財寶라는 생각조
차도 없을 것이다. … 또 남섬부주에는 매우 얇고 부드러운
옷이 나무 위에 저절로 자라나 사람들이 그것을 가져다 입으
리라….”

『미륵하생경』

이처럼 미륵보살이 올 그 세상은 바로 위대한 왕(전륜성왕轉輪聖王)
에 의해 다스려지는 풍요의 땅이다. 풍요한 세상에 온 미륵보살은
용화수龍華樹* 아래에서 깨달음을 얻는다. 그리고 미륵부처님은 세
차례 걸쳐 설법함으로써 수백억의 중생들을 제도하신다.

그렇다면, 미륵부처님이 오시면 지장보살의 발원은 끝이 날까?
아니다. 육도윤회를 하는 중생이 있는 한 지장보살의 발원은 끝이
없다.

---

* 미륵보살이 성불한 뒤에 그 밑에서 중생을 제도하기 위해 법회를 열었다는 나무를 뜻한다.

07

미륵보살의
도솔천 내원궁과
지장보살

미래에 오실 미륵부처님은 지금 도솔천 내원궁에 보살로서 계신다. 미륵부처님이 빨리 이 땅에 오시길 바라는 염원 때문인지, 아니면 부처님은 모두 도솔천 내원궁에 계셨다가 오시기 때문인지, 법당 불단 위 닷집에는 가끔 '내원궁'이라는 편액이 걸려 있다.

부처님은 모두 도솔천에 보살로 계시다가 이 땅에 오신다. 석가모니부처님이 그렇고, 미래에 오실 미륵부처님도 그렇다. 왜 부처님은 도솔천에 계시다가 이 땅에 오시는가?

신라 원측 스님이 지은 『해심밀경소』에 의하면, 하늘 가운데 중간이기 때문이라고 한다. 욕계천은 아래로부터 사천왕천, 야마천, 도리천, 도솔천, 낙변화천, 타화자재천이다. 그리고 이후 색계천, 무색계천이 이어진다. 색계천과 무색계천을 하나로 하면, 도솔천이

▲ 고창 선운사 도솔암 내원궁의 지장보살상

가운데다.

불교는 치우치지 않는 중간을 강조한다. 물론 부처님 가르침인 중도中道가 산술평균적인 중간을 말하지는 않으므로 도솔천이 중간이라는 상징적인 의미로 보면 된다. 여하튼 미륵보살은 지금 도솔천 내원궁에서 중생을 제도하고 있다.

도솔천과 미륵보살 이야기를 꺼낸 이유는 이렇다. 전북 고창 선운사 도솔암에 가면 조그만 법당이 있다. 그 법당에는 '도솔천 내원궁'이라는 현판이 걸려 있다. 그렇다면 그 법당에는 미륵보살이 계시리라. 그런데 법당 안으로 들어가 보면 지장보살이 계신다. 문패는 홍길동인데 실거주자는 임꺽정인 셈이다. 선운사 도솔암 내원궁에 지장보살을 모신 이유는 무엇일까?

몇 가지 주장이 있다. 그 가운데 하나는 "제가 이제 또한 부처님의 부촉을 받았으니, 아일다(미륵보살)가 성불할 때까지 육도중생을 해탈하게 하겠습니다."라는 지장보살의 발원과 연결한다. 이 주장이 가장 와닿는다.

지장보살은 부처님이 계시지 않는 사바세계에 중생의 고통을 어루만지며, 현실의 평온을 얻게 하거나, 혹은 공덕을 짓게 하여 도솔천 등 하늘에 태어나게 한다. 혹은 중생을 제도해 '미래에 부처님이 되리라.' 하는 부처님의 기별을 받게 한다. 이를 수기授記라고 한다.

08

일생보처보살과 대비천제 지장보살

한 번 더 몸을 받고 부처님이 되는 보살을 일생보처—生補處보살이라고 한다. 한 번 더 몸을(—生) 받고(補處) 수행하여 깨달아 부처님이 되는 보살이라는 뜻이다. 도솔천에 있는 미륵보살이 그렇고, 석가모니부처님의 전생인 호명보살이 그렇다.

그런데 지장보살은 부처님이 될 기약이 없다. 지장보살은 모든 중생이 구제되지 않는 한 성불하지 않겠다고 성불을 유보했기 때문이다. 이런 보살을 '대비천제大悲闡提' 또는 '천제보살闡提菩薩'이라고 부른다.

천제는 인도어 이찬티카icchantika의 음역인 일천제—闡提의 줄임말이다. 성불할 수 없는 이를 일천제라고 한다. 그런데 일천제는 두 경우가 있다.

"일천제에는 두 종류가 있다. 무엇이 두 가지인가? 첫째는 모든 선근을 불태운 일천제이다. 둘째는 모든 중생을 불쌍히 여기고, 모든 중생계가 다하기를 서원하는 일천제이다. … 대혜보살이여, 중생을 불쌍히 여겨 중생계를 다하는 서원을 세운 자는 바로 보살이다. 대혜보살이여, 보살은 방편으로 '만약 모든 중생이 열반에 들지 않으면, 나도 역시 열반에 들지 않으리라.'라고 발원했다. 그러므로 보살마하살은 열반에 들지 않는다."

『입능가경』 제2권

천제, 일천제는 성불할 수 없는 자다. 어떻게 보면 불교 집안에서 "이런 일천제 같은 놈아!" 하면 굉장한 욕이 된다. 물론 그렇게 말하는 사람도 구업을 짓게 되지만 말이다.

그런데 일천제는 두 부류가 있다. 하나는 선근을 끊고 삿된 견해를 가진 자다. 단선斷善천제라고 한다. 하나는 보살로서 대비심을 가진 자다. 대비大悲천제라고 한다. 중생에 대한 자비로운 마음으로 중생을 제도하기 전에는 성불하지 않겠다고 발원한 보살이다.

전자는 자신의 잘못으로 성불할 선근이 없는 자이지만, 후자는 모든 중생을 제도하기 전에는 성불하지 않겠다고 발원한 보살이다. 선근이 단절되어 성불의 가능성이 없는 단선천제와 다르다.

단선천제는 비록 선근이 없어 스스로 성불할 수는 없지만, 훌륭한 스승인 선지식이나 뛰어난 인연을 만나면 성불할 수 있다. 그렇지만 대비천제는 그렇지 않다. 중생계가 다할 날이 없고 모든 중생이 성불하기 전까지는 성불하지 않겠다고 발원했으니, 대비천제보살은 성불할 기약이 없다.

육도중생을 제도하기 전에는 성불하지 않겠다고 발원한 지장보살은 대비천제의 전형이다. 지장보살이 세운 발원은 어느 보살도 비교할 수 없기에 지장보살을 대원본존이라고 한다.

09

수많은 중생을 제도하는 지장보살

지장보살은 석가모니부처님 이후 미륵부처님이 오시기 전까지만 중생을 제도하는 것은 아니다. 과거 헤아릴 수 없는 세월부터 헤아릴 수 없는 중생을 제도했다.

그때 석가모니부처님께서 문수보살에게 말씀하셨다.

"그대는 여기에 모인 모든 부처님, 보살, 하늘, 용, 귀鬼, 신들을 보는가? 지금 이와 같은 이 세계와 타방 세계와 이 국토와 타방 국토에서 이 도리천에 모여든 자의 수를 그대는 알겠는가?"

문수보살이 부처님께 말씀드렸다.

"세존이시여, 제가 신력을 기울여 천겁 동안 헤아릴지라도 능히 알 수 없습니다."

부처님께서 문수보살에게 말씀하셨다.

"내가 불안佛眼으로 살펴도 다 헤아릴 수 없다. 이들을 모두 지장보살이 오랜 겁을 지내면서 이미 제도했고, 지금 제도하고 있으며, 앞으로 제도할 것이며, 이미 성취했으며, 지금 성취하고 있으며, 장차 성취할 것이다." …

부처님께서 문수보살에게 말씀하셨다.

"비유로써 말하자면, 삼천대천세계에 있는 초목, 총림, 벼, 삼, 대, 갈대, 산의 돌, 가는 티끌의 수를 각각 하나로 하고, 그 수만큼 갠지스강이 있고, 한 갠지스강의 모래알 하나를 하나의 세계로 하고, 한 세계의 티끌 하나를 1겁으로 하고, 그 1겁 동안 쌓인 티끌 수를 다 합쳐 겁으로 삼더라도, 지장보살이 십지十地 과위果位를 증득한 이래 교화한 자의 수는 위의 비유보다 천배나 많다. 하물며 지장보살이 성문이나 벽지불 때의 일이랴."

『지장경』 제1품 「도리천궁신통품」

비교가 어마어마하다. 삼천대천세계에 있는 티끌 수만큼 갠지스강이 있고, 그 갠지스강의 모래알 수만큼 세계가 있고, 그 세계의 티끌 수 하나를 1겁으로 하고, 그 1겁 동안 쌓인 티끌 수를 다 합쳐 겁으로 삼는다. 겁은 시간 단위다. 한 예로 사방 40리 되는 바위를 하늘나라 선녀가 100년마다 한 번씩 얇은 옷으로 스쳐서 마침내 그 바위가 닳아 없어지더라도 겁은 다하지 않는다.

지장보살은 헤아릴 수 없는 세월 동안 헤아릴 수 없는 중생을 제도했고, 제도하고, 제도할 것이니, 지장보살의 위신력과 서원은 가히 가늠할 수 없다.

부처님께서 견정신보살에게 말씀하셨다.

"이 선남자는 발심한 후 한량없고 그지없는 불가사의 아승기겁 동안 이미 일체지一切智의 바다를 건너서 공덕이 만족해졌다. 다만 본원本願의 자재한 힘을 의지한 까닭에 좋은 방편을 나타내 교화하여 그림자처럼 시방十方에 호응한다.

비록 일체의 국토에 두루 노닐며 항상 공업共業을 일으키더라도 오탁악세에서 교화하고 이롭게 함이 지나치게 두터운 것은, 본원의 힘을 의지하여 훈습했기 때문이고, 중생들이 교화하는 업을 받게 하기 때문이다.

그는 11겁을 지나오는 동안 이 세계를 장엄했고, 중생들을 성숙시켜왔다. 그러므로 이 모임 안에서 용모가 단정하고 엄숙하며, 위덕이 남달리 뛰어나다. 오직 여래만 제외하고는 그를 뛰어넘을 수 있는 이가 없다. 또 이 세계에서 교화했던 일은 보현보살과 관세음보살, 이 두 큰 보살을 제외하고는 누구도 미칠 수가 없다. 이 보살은 본래 서원한 힘으로써 중생들이 구하는 온갖 것을 빨리 만족시켜주고, 중생들의 모든 무거운 죄를 없애주고, 모든 장애를 없애주고, 현재 안온을 얻게 한다.

또 이 보살을 '편안하게 위로하는 말을 잘하는 자'라고 이름한다. 심오한 법을 잘 연설하여 처음으로 대승을 구하고자 배우는 자를 잘 인도하여 겁약한 마음을 내지 않게 한다. 이런 인연으로 이 세계 중생은 간절히 우러러 교화를 받아 구제를 얻는다. 그러므로 내가 이제 그에게 해설하도록 한다."

『점찰선악업보경』

제 2 장

지장보살의 발원

01

오탁악세와
보살의
발원

　육도중생을 모두 제도하기 전에는 성불하지 않겠다는 지장보살
의 발원. 그런데 중생 제도는 쉬운 일이 아니다. 억세고 거친 중생
이 있기 때문이다.

　석가모니부처님께서도 다음과 같이 말씀하셨다.

　"오탁악세에서 이와 같은 억세고 거친 중생을 교화하여
저들의 마음을 조복시켜 삿된 길을 버리고 바른길로 돌아오
게 했다. 그러나 열 가운데 한둘은 아직도 악한 습관에 빠져
있다."

『지장경』 제2품 「분신집회품」

부처님도 그러하신데, 부처님이 계시지 않는 말법 시대는 어떠하겠는가. 그러한 오탁악세, 말세 시대에 지장보살은 중생을 제도해 왔고, 제도하고 있으며, 제도할 것이니, 대원본존 지장보살마하살이다.

오탁악세는 다섯 가지 부정한 것이 가득한 악한 세상을 말한다. 말세에 발생하는 피하기 어려운 다섯 가지 부정한 것을 오탁이라고 한다. 오탁은 ① 겁탁劫濁, ② 견탁見濁, ③ 번뇌탁煩惱濁, ④ 중생탁衆生濁, ⑤ 명탁命濁이다.

겁탁은 시대의 더러움이다. 전염병, 기근 등의 천재지변이나 전쟁 등으로 인한 재해가 많은 것을 말한다. 이로 인해 편안하게 살 수 없는 혼란한 시대가 된다.

견탁은 그릇되고 악하고 바르지 못한 견해, 사상, 주의와 주장의 혼탁을 말한다.

번뇌탁은 탐욕과 분노 등의 여러 정신적 악덕이 널리 퍼져 있음을 말한다.

중생탁은 중생의 몸과 마음이 모두 자질이 떨어져 혼탁함을 말한다. 윤리 도덕을 무시하며, 나쁜 결과를 두려워하지 않고 온갖 악한 행위를 행한다.

명탁은 인간의 수명이 짧아지는 것을 말한다. 오늘날 수명이 길어졌다고 명탁이 아닌 것은 아니다. 긴 시간으로 보면 어느 한순간 잠깐 길어진 것이지 차츰 짧아지고 있다는 뜻이다.

인간의 수명은 긴 시간을 통해 늘었다가 줄었다가를 반복한다. 오탁이 일어나는 시기를 말세라고 한다. 인간의 수명이 가장 긴 8만 4000세로부터 점차로 감소하여 2만 세에 이르면 점차로 오탁의 증상이 증가한다.

이런 오탁악세에서 중생 제도를 위해서는 보살의 발원이 필요하다. 어떠한 어려움에도 무너지지 않는 발원이.『팔천송반야경』에서는 보살을 '위대한 갑주로 몸을 굳건히 하고 있는'이라고 형용한다. 모든 중생을 열반으로 인도하는 일에 헌신하는 보살이야말로 위대한 갑주로 몸을 굳건히 한 영웅이라는 뜻이다. 그리고 보살의 큰 결심을 '큰 서원의 갑옷을 입는다.'라고 한다.

02

지장보살의
본원은
마칠 때가 없다

불보살님은 본원을 지닌다. 보살은 원願으로 살아간다. 본원은 불보살님이 성불하기 전부터 과거세에 일으킨 서원이다. '본本'은 '근본'이라는 뜻이다. 본원은 불보살님의 근본 서원이다.

서원에는 총원總願과 별원別願이 있다.

총원은 보살로서 누구나 일으키는 공통 서원이다. 바로 모든 보살의 네 가지 큰 서원인 사홍서원이다. 법회 마지막 순서로 〈사홍서원〉을 한다. "중생을 다 건지오리다. 번뇌를 다 끊어오리다. 법문을 다 배우오리다. 불도를 다 이루오리다." 이런 내용의 찬불가를 부른다. 또는 "중생무변서원도衆生無邊誓願度 번뇌무진서원단煩惱無盡誓願斷 법문무량서원학法門無量誓願學 불도무상서원성佛道無上誓願成." 이러한 게송을 외운다.

별원은 보살마다 특별한 목적을 위해 일으킨 서원이다. 즉, 총원을 바탕으로 각 보살의 본원인 별원이 있다. 법장보살(아미타불 전신) 48원, 보현보살 10대행원, 약사여래 12원 등이다.

경전 곳곳에서 지장보살이 육도중생을 모두 제도하기 전에는 성불하지 않겠다고 서원한 내용이 보인다. 그래서 지장보살의 원력을 말할 때 다음과 같은 세 가지를 든다.

첫째, 중생을 모두 제도하고 난 뒤 깨달음을 이루겠다는 원력이다.

둘째, 지옥이 텅 비지 않으면 성불하지 않겠다는 원력이다.

셋째, 자신이 지옥에 들어가지 않으면 누가 지옥에 들어가겠는가 하여 스스로 지옥에 들어가서 지옥중생을 모두 제도하겠다는 원력이다.

이러한 서원을 종합하여, 보통 '지옥중생을 다 제도하기 전에는 성불하지 않으리라.'라는 서원이 회자된다.

그런데 여러 보살의 본원은 마칠 때가 있지만, 지장보살의 본원은 마칠 때가 없다. 중생계가 다할 날이 없기 때문이다.

> "저 문수보살, 보현보살, 관세음보살, 미륵보살도 백천 몸을
> 나타내 육도중생을 제도하시되 그 원은 마칠 때가 있으나, 이
> 지장보살은 육도 일체중생을 교화하시되 서원을 세운 겁 수
> 가 천백억 갠지스강 모래알 수와 같아서 마칠 때가 없습니다."
>
> 『지장경』 제11품 「지신호법품」

03

여러 생애
거듭 발원하는
지장보살

　지장보살은 먼 과거 헤아릴 수 없는 겁에 처음 발심한 이래, 오로지 중생 제도를 위한 힘을 길렀고, 중생을 해탈시키기 위해 지옥의 불구덩이 속에 뛰어드는 일조차 조금도 주저하지 않았다. 그분은 고난에 빠진 중생을 구하고 중생을 깨달음의 길로 인도하기 위해 성불마저 포기한 대원의 본존이다.

　지장보살은 한 생애에서만 발원한 것은 아니다. 여러 생애를 거듭하며 발원했다. 『지장경』에 나타난 지장보살의 대원을 살펴보더라도, 때로는 장자의 아들이 되어 발원했고, 때로는 바라문의 딸이 되어 발원했고, 때로는 국왕이 되어 발원했으며, 때로는 광목이라 이름하는 효성스러운 여인이 되어 발원했다. 우선 장자의 아들, 국왕이 되었을 때 발원을 살펴보자.

• 장자의 아들일 때 발원

　지장보살은 아득한 옛날 불가설불가설 겁 전에 큰 장자의 아들이었다. 그때 세상에 사자분신구족만행여래께서 계셨다. 장자의 아들은 부처님 상호(모습)가 1000가지 복으로 장엄함을 보고 부처님께 여쭈었다.

　"세존이시여! 세존께서는 어떠한 행원行願을 이루셨기에 지금과 같은 훌륭한 상호를 이루게 되었습니까?"

　사자분신구족만행여래께서 장자의 아들에게 말씀하셨다.

　"이와 같은 몸을 이루고자 하거든, 마땅히 오랜 세월 동안 고통받는 중생들을 구제해주어야 한다."

　그때 장자의 아들은 부처님 앞에 맹세했다.

　"제가 이제 미래의 세상이 다하고 헤아릴 수 없는 겁 동안 죄업 때문에 고통받는 육도중생을 위하여 널리 방편을 베풀어서 모두 해탈하게 한 다음에 저 자신의 불도를 이루겠습니다."

　그로부터 지금까지 백천만억 나유타 불가설 겁 동안 보살이 되었다.

『지장경』제1품 「도리천궁신통품」

▲ 제천 정방사 지장전의 지장보살상. 등 뒤의 그림은 마애지장보살상이다.

· 국왕일 때 발원

먼 과거 무량 아승기 나유타 불가설 겁 전, 그때 일체지성
취여래께서 계셨다. 그 부처님의 수명은 6만 겁이었는데, 출
가하기 전에 한 작은 나라 왕이었다. 이웃한 왕과 벗이 되어
함께 십선十善을 행하여 중생을 이익되게 했다. 그 이웃 나라
백성은 여러 가지 악한 일을 저질렀다. 두 왕은 의논하여 널
리 방편을 베풀기로 했다.

한 왕은 발원했다.

"어서 빨리 불도를 이루어 널리 이러한 무리를 남김없이 제

도하리라.”

또 한 왕은 발원했다.

“죄업으로 인한 고통에 빠진 이들을 먼저 제도하여 그들로
하여금 안락을 얻지 못하거나 보리를 이루지 못한다면, 나는
성불하기를 원치 않으리라.”

일찍이 성불하리라 하던 이는 곧 일체지성취여래다. 죄업
으로 인해 고통에 빠진 중생을 길이 제도하지 않으면 성불하
기를 원하지 않은 이는 곧 지장보살이다.

『지장경』 제4품 「염부중생업감품」

장자의 아들일 때 발원이든, 국왕일 때 발원이든, 지장보살은 중
생을 모두 제도하기 전에는 성불하지 않으리라 발원했다.

참고로 나유타, 아승지, 무량, 불가사의, 불가설 등은 백, 천, 만과
같은 숫자 단위다. 책마다 약간 차이가 있지만, 나유타(10^{11}), 아승지
(10^{51}), 무량(10^{52}), 불가사의(10^{58}), 불가설(10^{59}) 등이다. 위 경전에 등장
하는 ‘무량 아승지 나유타 불가설’은 10^{173}이 된다. 물론, 경전 내용을
이렇게 딱 떨어진 숫자로 보기보다는 굉장히 많은 수를 나타낸다고
보는 편이 좋을 듯하다.

04

어머니를 천도한
바라문 딸이었던
지장보살의 발원

　과거 불가사의 아승기겁 전에 그때 세상에 각화정자재왕
여래가 계셨다. 그 부처님 수명은 400천만억 아승기겁이었
다. 그 부처님의 상법 시대에 한 바라문 집안에 딸이 있었다.
그녀의 어머니는 그릇된 가르침을 믿어 항상 삼보를 업신여
겼다. 그때 딸은 널리 방편을 베풀어서 어머니에게 권유하여
바른 견해를 내게 했다. 그러나 어머니는 온전한 믿음을 내지
않고, 오래지 않아 목숨을 마쳤다. 그 넋은 무간지옥에 떨어
졌다.

　이때 바라문의 딸은 어머니가 세상에 계실 적에 인과를 믿
지 않았음을 알고, 업에 따라 악취에 태어났으리라 생각했
다. 이윽고 집을 팔아서 널리 좋은 향과 꽃과 여러 공양물을

두루 구하여 각화정자재왕여래의 탑과 절에 가서 크게 공양을 올렸다. 그때 바라문의 딸은 절에 모셔져 있는 부처님 존상에 우러러 절하고 공경하는 마음을 내며 생각했다.

'부처님의 이름은 대각大覺이시니, 모든 지혜를 갖추셨다. 만약 세상에 계실 때라면, 우리 어머니가 돌아가신 뒤 부처님께 와서 여쭈었다면, 반드시 가신 곳을 알았을 것이다.'

그때 바라문의 딸은 눈물을 흘리면서 부처님을 우러러보았다. 이때 공중에서 소리가 들렸다.

"울고 있는 성녀여! 너무 슬퍼하지 마라. 내가 이제 너의 어머니가 간 곳을 알려주겠다." …

"나는 너의 정성을 다한 절을 받은 과거의 각화정자재왕여래다. 네가 어머니를 생각함이 보통 사람보다 배나 더한 것을 보고 특별히 일러주러 왔다." …

"네가 공양 올리는 것을 마치거든 곧 집으로 돌아가서 단정히 앉아 나의 명호를 생각하라. 그러면 곧 너의 어머니가 태어난 곳을 알게 되리라."

바라문의 딸은 부처님께 절하고 나서 곧 집으로 돌아왔다. 어머니를 그리워하며 단정히 앉아 각화정자재왕여래를 하룻낮 하룻밤 생각했다. 문득 자신의 몸이 한 바닷가에 와 있음을 보았다. … (고통스러운 업의 바다가 펼쳐졌다.) … 거기에 무독이라 이름하는 귀왕이 있었다. 그는 머리를 숙이며 성녀를 맞이했다. …

성녀는 또 물었다.

"제가 지금 어떻게 지옥 있는 곳에 왔습니까?"

무독귀왕이 대답했다.

"만약 부처님의 위신력이 아니면 곧 업력에 의한 것입니다. 이 두 가지 힘이 아니면 끝내 이곳에 올 수 없습니다."

성녀는 또 물었다.

"저 물은 어떤 인연으로 이렇게 끓어오르며, 여러 죄인과 악한 짐승들은 무엇입니까?"

무독귀왕이 대답했다.

"이곳은 염부제에서 악한 짓을 한 중생이 죽은 뒤에, 49일이 지나는 동안 죽은 자를 위해 공덕을 지어 고난에서 건져주는 자가 없거나, 살아 있을 때 착한 인연이 없으면 본래 지은 죄업에 따라서 지옥에 떨어지게 되는데, 자연히 먼저 이 바다를 건너게 됩니다. 이 바다 동쪽으로 10만 유순을 지나 또 한 바다가 있습니다. 그곳의 고통은 이곳의 배나 됩니다. 그 바다 동쪽에 또 바다가 있습니다. 그곳의 고통은 또 그 배나 됩니다. 삼업三業의 악한 인연으로 받게 됩니다. 모두 업의 바다(업해業海)라고 부르는데, 이곳이 바로 그곳입니다." …

성녀는 무독귀왕에게 또 물었다.

"저의 어머니가 돌아가신 지 오래지 않았는데, 그 넋이 어느 곳에 갔는지 알 수 없습니다.”

귀왕이 성녀에게 물었다.

“보살의 어머니는 세상에 계실 때, 어떤 행업을 익혔습니까?”

성녀가 대답했다.

“저의 어머니는 그릇된 견해로 삼보를 비방하고, 혹 잠깐 믿다가도 곧 돌이켜 공경하지 않았습니다. 돌아가신 지 얼마 되지 않았는데, 태어나신 곳을 알 수 없습니다.”

무독귀왕이 물었다.

“보살의 어머니는 성씨가 무엇입니까?”

“저의 부모는 모두 바라문 집안인데, 아버지 이름은 시라선현이고, 어머니는 열제리입니다.”

무독귀왕은 합장하고 보살에게 말했다.

“바라건대, 성자께서는 집으로 돌아가시고 슬퍼하거나 걱정하지 마십시오. 열제리는 하늘에 난 지 3일이 되었습니다. 효순한 딸이 어머니를 위하여 각화정자재왕여래의 탑과 절에 공양하고 복을 닦아 보시한 공덕으로 보살의 어머니만 지옥을 벗어난 것이 아니라 이 무간지옥에 있던 죄인들이 그날 모두 함께 하늘에 태어나 즐거움을 누리게 되었습니다.”

귀왕은 말을 마치고 합장하고 물러났다.

바라문의 딸은 꿈을 꾸듯이 돌아왔다. 이 일을 깨닫고서 문득 각화정자재왕여래의 탑과 존상 앞에서 넓은 서원을 세웠다.

"미래 겁이 다하도록 죄업으로 고통받는 중생이 있으면, 제가 널리 방편을 베풀어서 제도하겠습니다."

석가모니부처님이 문수사리에게 또 말씀하셨다.

"그때 무독귀왕이 재수보살이고, 바라문의 딸이 바로 지장보살이다."

『지장경』제1품「도리천궁신통품」

05

어머니를 천도한
광목 여인이었던
지장보살의 발원

과거 무량 아승기겁에 청정연화목여래께서 세상에 나타나셨다. 그 부처님 수명은 40겁이었다. 상법 시대에 중생을 복으로 제도하는 한 나한이 있었다. 차례로 교화하는데, 광목 光目이라 이름하는 한 여인을 만났다. 여인이 음식을 공양하기에 나한이 물었다.

"원하는 것이 무엇입니까?"

광목이 대답했다.

"저는 돌아가신 어머니를 위해 복을 지어 어머니를 구하고자 합니다. 그런데 저의 어머니가 어디에 나셨는지 알지 못합니다."

나한은 불쌍하게 여겼다. 선정에 들어 살펴보니, 광목의 어머니는 매우 큰 고통을 받는 악취에 떨어져 있었다.

나한이 광목에게 물었다.

"너의 어머니는 생전에 어떤 업을 지었기에 지금 악취에서 매우 큰 고통을 받고 있는가?"

광목이 대답했다.

"저의 어머니가 평소 물고기나 자라 등을 즐겨 먹었습니다. 물고기나 자라 새끼를 많이 드셨는데, 혹은 굽기도 하고 혹은 삶기도 하여 마음껏 먹었습니다. 그 생명의 수는 천만의 몇 배는 될 것입니다. 존자께서 자비로 불쌍히 여겨 어떻게 하시든지 제도해주십시오."

나한은 불쌍히 여기고, 방편을 지어 광목에게 권했다.

"너는 지극한 정성으로 청정연화목여래를 생각하라. 그리고 부처님 존상을 만들거나 그려서 모시면 산 사람이나 죽은 사람이 모두 뛰어난 과보를 얻게 될 것이다."

광목은 이 말을 듣고서 좋아하던 물건을 팔아 불상을 그려 모시고 공양을 올렸다. 그랬더니 문득 새벽꿈에 부처님께서 말씀하셨다.

"너의 어머니는 오래지 않아 너의 집에 태어나리라. 그리고 배고프고 추운 것을 알 때쯤이면 곧 말을 하리라."

그 뒤 광목의 집에 있는 하녀가 아들을 낳았다. 3일이 채 되지 않아 머리를 조아리고 슬프게 울며 광목에게 말했다.

"생사의 업연은 과보를 스스로 받는 것이다. 나는 너의 어미인데, 오랫동안 어두운 곳에 있었다. 너와 이별한 뒤로 여러 번 대지옥에 떨어졌다가 이제야 너의 복력을 입어 태어났지만, 천한 사람이고, 또한 수명이 짧아 13세에 다시 악도에 떨어질 것이다. 나를 고통에서 벗어나게 할 방법이 너에게 있겠느냐?"

광목은 이 말을 듣고서 의심하지 않고, 슬프게 울며 말했다.

"당신은 저의 어머니인데, 스스로 지은 죄를 알 것입니다. 어떤 업을 지었길래 악도에 떨어지셨습니까?"

하녀의 아들이 말했다.

"산목숨을 죽이고, 불법을 비방한 두 가지 업으로 과보를 받았다. 만약 네가 복을 지어 나의 고난을 구제해주지 않았다면, 이러한 업에서 벗어나지 못했을 것이다."

광목은 다시 물었다.

"지옥에서 받는 죄보는 어떠합니까?"

하녀의 아들이 말했다.

"죄보받는 일은 차마 말로 할 수 없다. 백천 세를 두고 말할지라도 다 말할 수 없다."

광목을 이 말을 듣고 슬피 울며 허공을 향하여 말했다.

"원하옵건대 저의 어머니를 지옥에서 영원히 벗어나게 해주십시오. 13세의 목숨을 마친 다음에도 다시는 중죄도 없고, 들어가야 할 악도도 없게 해주십시오. 시방 모든 부처님이시여. 자비로써 저를 어여삐 여기시어 제가 어머니를 위하여 일으킨 넓고 큰 서원을 들어주십시오.

만약 저의 어머니가 삼악도와 천한 신분을 영원히 떠나고, 나아가 여인의 몸을 영겁에 걸쳐 받지 않는다면, 저는 오늘부터 청정연화목여래존상 앞에서 이렇게 발원하겠습니다.

'이 뒤로 백천억 겁 동안 모든 세계에 있는 일체 지옥과 삼악도에서 죄고를 받는 중생이 있으면, 제가 이들을 제도하여 지옥, 축생, 아귀 등 악취에서 벗어나게 하고, 이러한 죄의 과보를 받는 모든 사람이 다 성불한 뒤에야 제가 깨달음을 이루겠습니다.'"

서원을 마치자 청정연화목여래의 말씀이 들렸다.

"광목이여, 너는 큰 자비로 어머니를 위하여 이와 같은 큰 서원을 일으켰다. 내가 살펴보니, 너의 어머니는 13세 생을 마치면, 지금의 과보를 벗고 다시 거룩한 몸으로 태어나서 100세를 살 것이다. 다음에 그 과보를 마친 뒤에는 무우국토無憂國土에 태어나서 무량겁을 살다가 부처님이 되어 갠지스강의 모래알 수와 같은 하늘과 인간을 널리 제도할 것이다."

그때 나한은 곧 지금의 무진의보살이고, 광목의 어머니는 해탈보살이고, 광목은 지장보살이다.

『지장경』제4품 「염부중생업감품」

06

지장보살
분신들의
발원

『지장경』의 무대는 도리천궁이다. 제1품이 「도리천궁신통품」이
다. 도리천궁은 석가모니부처님께서 어머니인 마야부인을 위해 설
법하시는 현장이다. 제1품은 지장보살의 공덕과 전생 발원을 언급
하는 석가모니부처님의 설법으로 시작한다.

제2품 「분신집회품」에는 지장보살이 등장한다. 그런데 지장보살
은 한 분이 아니다. 백천만억 불가사 불가의 불가량 불가설 무량 아
승기 세계에 있는 지옥에 나투셨던 지장보살의 분신이 모두 도리천
궁으로 모여든다.

그때 석가모니부처님은 금빛 팔을 펴서 지장보살 분신들
의 정수리를 만지시고 말씀하셨다.

"…그대는 잘 살펴라. 나(석가모니)는 이처럼 교화하기 어려운 거칠고 억센 중생을 부지런히 힘써 제도했다. 그 가운데 아직도 조복하지 못한 이가 있어 업보를 따라 악도에 떨어져 큰 고통을 받게 된다. 그때 그대는 마땅히 내가 도리천궁에서 부촉한 것을 생각하고, 사바세계에 미륵부처님이 출세하여 오실 때까지 중생을 다 해탈케 하여 영원히 모든 고통에서 떠나고 부처님의 수기를 받게 하라."

그때 모든 세계의 분신 지장보살은 같이 한 몸이 되어 부처님께 말씀드렸다.

"제가 오랜 겁으로부터 부처님의 인도하심을 입고 불가사의한 신력을 얻고 대지혜를 갖추었습니다. 저는 저의 분신을 백천만억 갠지스강 모래알 수의 세계에 두루 차게 하여, 한 세계마다 백천만억 분신을 나투고, 한 몸마다 백천만억 사람을 제도하여 삼보에 귀의하게 하며, 길이 생사의 고통을 벗어나 열반락을 이르도록 하겠습니다.

불법 가운데 짓는 착한 일이라면, 한 털, 한 방울 물, 한 모래알, 한 티끌, 가는 머리털만큼 작은 것이라 하더라도 제가 점점 제도하여 큰 이익을 얻게 하겠습니다.

세존이시여, 오직 바라옵건대 후세의 악업 중생을 염려하지 마십시오. 세존이시여, 오직 바라옵건대 후세의 악업 중생을 염려하지 마십시오. 세존이시여, 오직 바라옵건대 후세

▲ 은은한 미소를 띤 강화 전등사의 지장보살상

의 악업 중생을 염려하지 마십시오."

그때 부처님께서 지장보살에게 말씀하셨다.

"훌륭하고 훌륭하다. 내가 그대의 기쁨을 도와주겠다. 그 대는 오래고 먼 겁으로부터 '널리 제도를 마치고 보리를 증득 하리라.' 하고 큰 발원을 했다."

『지장경』 제2품 「분신집회품」

여기서 지장보살의 분신을 어떻게 이해해야 할까? 우선 모든 불보살님이 여러 응신(또는 화신)으로 몸을 나투어 중생을 제도하는 것처럼, 지장보살 역시 그러하다고 이해할 수 있다. 헤아릴 수 없는 세계의 헤아릴 수 없는 중생을 제도하기 위해 지장보살은 신력으로 헤아릴 수 없는 분신을 나툰다.

지장보살의 발원이 곧 지장보살 분신의 발원이다. 그 발원을 실현하고자 수많은 분신이 중생들에게 다가간다.

07

지장보살의
분신은
바로 우리다

『지장경』을 풀이하는 여러 스님은 지장보살의 분신을 우리 중생으로 본다. 지장이라는 뜻을 '부처님의 성품인 불성을 갖춘 중생'으로 이해하며, 우리 중생이 바로 지장보살의 분신이라고 본다. 이렇게 보면, 지장보살의 발원은 우리 중생의 발원이 된다.

그런데 사실 감당하기 힘든 발원이다. 불보살님이 함께한다면 혹시 모를 일이다. 그래서 부처님께서 "도와주겠다."라고 하셨나?

한편, 이러한 맥락으로 『지장십륜경』「서품」의 내용도 비슷하게 해석한다. 앞서 한번 다루었지만, 이 경전은 상서로운 광경으로부터 시작된다. 향구름이 모이고 향비가 내리고, 그 가운데 여러 가르침의 소리(법음)가 펼쳐진다.

그때 여러 곳에서 모인 많은 대중이 이와 같은 가지가지 구름과 비를 보고, 또 바라는 바가 이루어졌다. 또 자기 몸이 가지가지 향과 꽃과 보배로 장식된 의복을 입고 장엄되었음을 보았다. 또 각기 두 손바닥 안에 여의주가 저절로 쥐어져 있음을 보았다. 그리고 그 낱낱 여의주 가운데서 가지가지 보배가 흘러나왔다. 또 그 낱낱 여의주에서 여러 가지 큰 광명이 나왔다. 그 광명으로 인하여 모든 중생이 모두 시방 갠지스강 모래알 수의 부처님 세계를 보았으며, 또한 그 광명으로 인하여 모든 불국토마다 부처님이 계시어 한량없는 대중들이 둘러싸고 공경함을 보았다. … (그 광명으로 인하여 모든 국토의 중생들은 모든 고통에서 벗어나고, 원하는 것을 모두 이루었다. 또한 땅에는 여러 가지 오묘한 즐거움이 가득했다. … 지장보살이 이곳에 이르고자 하여 신통력으로 이와 같은 변화를 나타냈다.)

『지장십륜경』「서품」

정리해보자면, 지장보살의 신통력에 의해 여러 상서로운 현상이 일어났다. 그리고 법회에 함께한 대중들은 지장보살의 신통력으로 여의주를 손에 쥐고, 그 광명으로 여러 세계를 비춘다. 그 광명으로 인해 모든 중생은 고통에서 벗어나고, 원하는 것을 모두 이루고, 그 땅에는 여러 가지 오묘한 즐거움이 가득 찬다.

말하자면, 지장보살의 신통력을 입은 대중들이 중생들을 구제하

▲ 손에 여의보주를 든 지장보살상

는 현상이 일어난 것이다. 이러한 경전 말씀을, 대중들이 모두 지장보살의 화신이 되었다고 풀이한다. 만약 우리가 지장보살의 원력을 입는다면, 우리가 바로 지장보살의 화신, 분신이 된다.

이렇게 본다면, 지장보살은 한 분의 보살로서 오는 것이 아니다. 이때 또 다른 해석이 가능하다. 어느 스님이 말씀하셨다. "앞으로 오실 부처님은 한 개인으로 오시지 않고 하나의 공동체로 오신다." 즉, 한 분의 부처님으로 오시지 않고 공동체의 다양한 구성원으로 오신다는 말로 이해된다. 이런 관점에서 볼 때, 지장보살의 분신은 바로 공동체의 다양한 구성원이다. 그리고 이때 지장보살 분신의 발원은 곧 공동체의 발원이 된다.

제
3
장

지
장
보
살
의

공
덕

01

지장보살의 공덕은
어느 보살보다
뛰어나다

공덕은 좋은 결과를 일으키는 능력이다. 선한 행을 한 덕으로써
갖추게 된다. 지장보살의 본원이 어느 보살보다 원대한 만큼 그 공
덕도 어느 보살보다 뛰어나다.

"선남자야, 저 미륵보살, 문수보살, 관자재보살, 보현보살
같은 갠지스강 모래알 수의 모든 보살에게 귀의하여 백천 겁
동안 진심으로 명호를 부르면서 예배하고 공양한 사람이 있
다고 하자. 그런데 그 사람보다도 잠깐 밥 한 그릇 먹을 시간
동안 지장보살에게 귀의하여 그 명호를 부르면서 예배하고
공양하는 사람이 오히려 모든 소원을 빨리 성취한다.
왜 그런가. 지장보살은 일체중생을 안락하고 이익되게 하

여 마치 여의주처럼 원하는 바를 다 성취시켜주기 때문이다. 또 깊이 감춘 것처럼 지장보살은 중생들을 성숙시키기 위해 오랫동안 견고한 서원을 세워서 대비심과 용맹정진함이 다른 모든 보살보다 뛰어났기 때문이다. 그러므로 너희는 더욱 지장보살을 공양해야 한다."

『지장십륜경』「서품」

그런데 경전마다 각 불보살님의 공덕이 뛰어나다고 한다. 어느 곳에는 관세음보살, 어느 곳에는 지장보살이 뛰어나다고 한다. 불보살님의 능력 때문에 이러한 공덕이 차이가 나는 것일까?

우선 수많은 부처님과 보살이 등장하는 이유를 살펴보자. 여러 견해가 있을 수 있다. 두 가지 정도 살펴보자.

첫째, '모든 이들이 부처님'이라고 한다. 그렇다면 석가모니부처님 이외에 과거, 현재, 미래 등 시간상 수많은 부처님이 계셔야 한다. 바로 과거칠불, 과거불인 연등부처님, 미래불인 미륵부처님 등이다. 또 동남서북 공간상으로도 많은 부처님이 계셔야 한다. 서방정토 아미타불, 동방유리광정토 약사여래 등이다. 그리고 수행하는 수많은 보살이 있어야 한다.

둘째, 중생들은 너무도 다양하다. 살아온 과정이 달라 그 업이 천차만별이다. 그러한 업으로 인해 중생의 이해와 요구는 너무도 다양하다. 중생들이 불보살님께 바라는 바가 똑같을 수 없다. 그러한 바람에 따라 불보살님은 다양한 모습으로 나타난다. 어떤 이에게는 석가모니부처님, 어떤 이에게는 약사여래, 어떤 이에게는 관세음보살의 모습, 어떤 이에게는 지장보살의 모습 등으로 나타난다.

한편, 그 많은 불보살님이 중생과 함께하는 시간과 공덕은 다르게 나타난다. 가령 석가모니부처님은 이 땅에서 80년간 계시면서 중생을 교화하고, 아미타부처님은 서방정토에서 이루 헤아릴 수 없는 겁 동안 중생을 교화하고, 미륵부처님은 이 땅에서 열린 세 차례 법회에서 각각 96억, 94억, 92억 중생을 제도한다.

단순하게 보면, 석가모니부처님의 공덕은 다른 부처님보다 못하다. 그러나 이것은 중생의 근기에 따라 드러난 차이일 뿐, 모든 부처님의 본래 공덕은 차이가 없다. 모든 부처님은 모두 비교할 수 없는 동등한 능력을 갖춘다. 단지 불보살님이 교화할 중생의 근기에 따라 불보살님의 원력이 각각 달라서 공덕에 차이가 나타날 뿐이다. 지장보살의 공덕 차이도 그러하다.

02

불가사의한
신력, 자비, 지혜, 변재를
갖춘 지장보살

모든 중생을 제도하기 전에는 자신은 성불하지 않겠다고 발원한 지장보살은, 헤아릴 수 없는 선행을 통해 헤아릴 수 없는 공덕을 쌓았다. 그런데 그 공덕은 당신을 위한 것이 아니라 중생을 위한 것이다. 그러므로 부처님께서 그 공덕을 찬탄하셨다.

"지장, 지장이여. 그대의 신력은 불가사의하다. 그대의 자비는 불가사의하다. 그대의 지혜는 불가사의하다. 그대의 변재辯才는 불가사의하다. 시방의 모든 부처님이 천만 겁 동안 찬탄할지라도 그대의 불가사의한 일은 다 말할 수 없다."

『지장경』 제13품 「촉루인천품」

불가사의不可思議는 '생각하거나(思) 논의할(議) 수 없다(不可)'는 말
이다. 지장보살의 공덕은 생각할 수도 없고 논의할 수도 없다. 시방
의 모든 부처님이 천만 겁 동안 찬탄하더라도 지장보살의 불가사의
한 공덕은 다 말할 수 없다.

지장보살의 공덕은 불가사의한 신력, 불가사의한 자비, 불가사의
한 지혜, 불가사의한 변재를 바탕으로 중생에게 많은 이익을 준다.

신력神力은 불보살님이 가지고 있는 불가사의한 능력이다. 보통
위신력, 신통력이라고 한다. 실제 중생에게 이익을 줄 수 있는 바탕
이 되는 능력이다.

자비慈悲는 각 글자마다 다른 뜻을 가진다. 자慈는 사랑이라는 뜻이다. 상대방이 너무도 예뻐 보이고 사랑스러워 즐거움을 주고자 하는(여락與樂) 의미다. 비悲는 연민이라는 뜻이다. 상대방이 너무도 가여워서 그들의 괴로움을 뽑아 없애주고자 하는(발고拔苦) 의미다. 즉, 여락발고與樂拔苦가 자비의 뜻이다. 물론 자慈라 표현하더라도 그 말속에는 비悲를 포함하기도 한다. 비라 표현하더라도 마찬가지이다.

지혜는 근본지와 방편지가 있다. 근본지는 진리의 세계와 하나가 된 지혜이고, 방편지는 근본지를 바탕으로 중생의 근기와 세상의 흐름에 따라 드러나는 지혜다. 근본을 깨달은 지혜를 바탕으로 중생의 근기에 맞게 방편을 나타낸다.

변재는 말을 잘하는 능력이다. 그렇다고 단순히 뛰어난 언변을 말하는 것이 아니다. 성인의 가르침을 잘 이해하여 조리 있게 전하고, 여러 언어를 잘 알아 대화에 걸림이 없으며, 상대방이 원하는 바에 따라 스스로 즐거이 말하는 능력이다.

중생에게 실제로 다가가는 도움은 신력이지만, 자비가 없으면 신력이 있어도 중생에게 줄 생각이 없을 수 있다. 또한 자비로써 신력을 보이고자 하더라도 중생의 근기를 살피는 지혜가 없으면 신력을 엉뚱하게 줄 수 있다. 그리고 이 신력, 자비, 지혜를 갖춰 이익을 주려고 하더라도 중생이 다른 생각을 한다면 이 또한 의미 없다. 조그만 마음이라도 중생이 낼 수 있도록 방편과 적절한 말로써 중생에게 다가가야 한다.

따라서 보살로써 중생을 제도하고자 한다면, 신력, 자비, 지혜, 변재, 이 네 가지가 갖춰져야 한다.

지장보살의 신력, 자비, 지혜, 변재는 불가사의하다. 그러므로 지장보살은 헤아릴 수 없는 세계의 헤아릴 수 없는 중생을 제도하는 원력을 바탕으로 중생들에게 많은 이익을 주고 있다. 『지장경』곳곳에는 지장보살을 공양, 예경, 찬탄하는 등의 이익을 언급한다. 특히 「지신호법품」에는 10종 이익, 「촉루인천품」에는 28종 이익, 7종 이익 등을 정리하여 언급한다.

03

탄생부터
내생까지 감응하는
지장보살의 공덕

　『지장경』을 살펴보면, 지장보살의 공덕은 내세만 아니라 현세의 공덕도 함께 포함한다는 것을 알 수 있다. 따라서 지장보살에게 기도하는 공덕은 뜻밖으로 크다. 현실 속에 찾아든 고난을 벗어나게 하는 공덕뿐만 아니라, 태어나는 일부터 죽음 후의 내생에 이르기까지 지장보살은 중생의 간절한 기도와 함께한다. 몇 가지 예를 『지장경』에서 인용한다.

• 태어난 아이를 위한 독송과 염불 공덕

　"새로 태어난 아기가 남자거나 여자거나 7일 이내에 이 불가사의한 경전(『지장경』)을 읽어주고 지장보살의 명호를 1만 번 불러주면, 과거 생 허물의 과보에서 곧 벗어나게 되며, 안락하게 잘 자라고 수명이 연장된다. 만약 복을 받아 태어난 아기라면 안락과 수명이 더욱 더하게 된다."

『지장경』 제6품 「여래찬탄품」

• 현재 삶을 위한 염불 공덕

"날마다 지장보살 명호를 1000번씩 불러 1000일에 이르게 되면, 지장보살은 그 사람이 있는 곳의 토지신을 시켜 죽을 때까지 보호하게 한다. 그리하여 현세에 먹고 입을 것이 풍족해지고, 질병이나 고통이 없어진다. 횡액이 그의 집 안으로 들어오지 못하거늘, 그의 몸에 미치겠느냐. 또 마침내 지장보살은 이 사람의 이마를 만지면서 해탈하리라는 기별을 준다."

『지장경』 제12품 「견문이익품」

• 소원 성취를 위한 예배와 공양 공덕

"만약 미래세 선남자 선여인이 현재와 미래의 세상에서 백천만억의 소원과 백천만억의 일을 이루고자 하면, 지장보살의 형상 앞에서 귀의하고 예배하고 공양하고 찬탄하라. 소원이나 구하는 바가 모두 성취된다."

『지장경』 제12품 「견문이익품」

• 죽음에 임하는 자와 아픈 자를 위한 불상 조성 공덕

"만약 미래와 현재의 모든 세계 가운데 육도중생이 목숨을 마치려 할 때 지장보살의 명호를 들어 한 소리라도 귓가에 스치면, 이 모든 중생은 영원히 삼악도의 고통을 겪지 않게 된다. 하물며 임종할 때 부모나 가족이 이 죽는 사람의 재산을 가지고 지장보살의 형상을 조성하거나 그림으로 그려 임종자의 눈으로 보고 귀로 듣게 하면 어떠하겠는가.

또 도리를 아는 친척들이 집이나 보배 등을 가지고 그 자신을 위하여 지장보살의 형상을 조성하거나 그림으로 그린다면, 이 사람은 지은 업보로 심한 병을 앓게 되어도 이 공덕을 입어서 곧 병이 낫고 수명이 늘어난다. 이 사람이 만약 모든 죄업으로 목숨이 다한 뒤에 악도에 떨어진다고 하더라도 이 공덕을 입어서 목숨을 마친 뒤에 인간과 하늘에 태어나 뛰어난 즐거움을 받고 모든 죄가 다 소멸한다."

『지장경』 제12품 「견문이익품」

04

지장보살상에
공양하는
10종 이익

『지장경』「지신호법품」에서는 견뢰지신堅牢地神이 지장보살의 서원을 찬탄하며, 지장보살상을 조성하고 공양, 예배, 찬탄하는 공덕열 가지를 언급한다.

견뢰지신이 부처님께 말씀드렸다.

"…세존이시여, 제가 살펴보았습니다. 미래와 현재의 중생들이 머무는 곳에서 남쪽으로 맑고 깨끗한 땅에 흙, 돌, 대나무, 나무로 집을 짓고, 그 속에 지장보살의 존상을 그리거나 금, 은, 구리, 쇠로 지장보살의 존상을 만들고, 향을 사르러 공양하며 우러러 예배하고 찬탄하면, 이 사람이 사는 곳에서 열가지 이익을 얻게 됩니다.

열 가지 이익은 무엇인가?

첫째, 농사짓는 땅에 풍년이 듭니다.

둘째, 집안이 길이 편안합니다.

셋째, 먼저 죽은 이가 하늘에 태어납니다.

넷째, 현재 남아 있는 가족들이 장수합니다.

다섯째, 구하는 바가 뜻대로 이루어집니다.

여섯째, 수재나 화재를 만나지 않습니다.

일곱째, 헛되이 소모되는 일이 없습니다.

여덟째, 나쁜 꿈을 꾸지 않습니다.

아홉째, 출입할 때 신장들이 보호합니다.

열째, 거룩한 인연을 많이 만납니다.

세존이시여, 미래나 현재 중생이 머물러 사는 곳에서 만약 이와 같은 공양을 지으면, 이와 같은 이익을 얻게 됩니다."

『지장경』 제11품 「지신호법품」

지장보살상을 조성하고 공양, 예배, 찬탄하는 공덕이 어찌 열 가지뿐이겠는가. 견뢰지신은 간략하게 열 가지를 말했을 뿐이다. 여기서는 지장보살의 가피가 굉장히 현세 이익적임을 알 수 있다. 지장보살 하면 사후의 공덕을 대부분 알고 있지만 말이다. 따라서 여기서 지장신앙이 내세신앙만이 아님을 알 수 있다.

지장보살은 '육도중생을 제도하리라.' 발원했으니, 지장보살의 공덕 이익 또한 현세와 관련이 많은 것은 당연하다. 단지 '지옥중생을 제도하리라.'라는 말이 널리 알려지고, 『지장경』에 언급된 천도薦度 이야기와 지옥 이야기 때문에 지장신앙은 내세신앙으로 많이 알려져 있을 뿐이다. 지장신앙은 현세와 내세 모두 관련된다. 그러므로 경전에서는 '미래와 현재 중생이….'라고 언급한다.

그리고 이 품이 「지신호법품(지신이 불법을 지켜줌)」인 만큼, 견뢰지신은 사람들이 경전을 읽고 보살에게 공양하면 항상 그들을 보호하여 온갖 나쁜 일들이 다 사라져 없도록 하겠다고 다짐한다.

이에 대해 부처님께서는 견뢰지신뿐만 아니라 모든 천신이 지켜준다고 한다. 그 이유는 이렇다.

"모두 지장보살존상을 우러러 절하고 『지장경』을 독송함으로써 저절로 끝내 괴로움의 바다를 건너고 열반의 즐거움을 얻는다. 그러므로 큰 옹호를 받는다."

『지장경』 제11품 「지신호법품」

이처럼 앞의 10종 이익에는 언급하지 않았지만, 지장보살상을 예배하고 경전을 독송하면 마침내 열반을 얻는다. 즉, 깨달음을 얻는다.

05

지장보살상에
공양하는
28종 이익

『지장경』「촉루인천품」은 지장보살에게 인간과 하늘(하늘중생)을 잘 보살피라고 부탁하는 말씀으로 시작한다. 촉루囑累라는 말은 뒷일을 부탁(부촉)한다는 뜻이다. 지장보살은 부처님의 부촉을 받고 중생 제도를 다짐한다. 이때 허공장보살이 지장보살의 공덕을 묻고, 부처님께서는 28종 이익을 말씀하신다.

"자세히 듣고 자세히 들어라. 내 그대를 위하여 분별하여 말하겠다. 만약 미래세에 선남자 선여인이 지장보살의 존상을 친견하거나 이 경을 듣거나 나아가 독송하고 향, 꽃, 음식, 의복, 진귀한 보배로 보시 공양하고, 우러러 예배하면, 28종 이익을 얻게 된다.

▲ 지장보살 성지인 철원 심원사의 지장보살상

첫째, 하늘과 용이 항상 지켜준다.

둘째, 좋은 과보가 나날이 증가한다.

셋째, 거룩하고 훌륭한 인연이 모인다.

넷째, 보리(깨달음)의 길에서 물러나지 않는다.

다섯째, 먹고 입는 것이 풍족하다.

여섯째, 질병이 침범하지 않는다.

일곱째, 수재나 화재를 벗어난다.

여덟째, 도둑으로 인한 재앙이 없다.

아홉째, 사람이 보고 공경한다.

열째, 귀와 신이 돕고 지켜준다.

열한째, 여자는 (다음 생에) 남자의 몸으로 바뀐다.

열두째, 여자라면 왕과 대신의 딸이 된다(고귀한 여인이 된다.).

열셋째, 용모가 단정하고 빼어나다.

열넷째, 여러 생 동안 천상에 태어난다.

열다섯째, 때로는 제왕이 된다.

열여섯째, 과거를 아는 지혜(숙명통)을 얻는다.

열일곱째, 구하는 바를 모두 이룬다.

열여덟째, 식구들은 기뻐하고 즐겁다.

열아홉째, 뜻밖에 당하게 되는 재난이나 액운이 소멸한다.

스무째, 업의 길은 영원히 사라진다.

스물한째, 가는 곳마다 모두 통한다.

스물둘째, 밤에는 꿈이 안락하다.

스물셋째, 먼저 죽은 이가 괴로움을 벗어난다.

스물넷째, 지난 생의 복을 타고 태어난다.

스물다섯째, 모든 성인이 찬탄한다.

스물여섯째, 총명하고 근기가 빼어나다.

스물일곱째, 사랑하고 불쌍히 여기는 마음이 넉넉하다.

스물여덟째, 필경에는 성불한다."

『지장경』 제13품 「촉루인천품」

이처럼 지장보살의 존상을 친견하거나 『지장경』을 듣거나 나아가 독송하고 향, 꽃, 음식, 의복, 진귀한 보배로 보시 공양하고, 우러러 예배하면 28종 이익을 얻는다. 이러한 28종 이익을 보면 내세에 관한 내용도 있지만, 현세에 필요한 내용이 대부분을 이룬다.

그리고 마지막 이익이 '필경에는 성불한다.'이다. 여기서 '중생의 작은 선행도 큰 이익을 얻게 하리라.'는 지장보살의 원력을 다시 느낄 수 있다.

"불법 가운데 짓는 착한 일이라면, 한 털, 한 방울 물, 한 모래알, 한 티끌, 가는 머리털만큼 작은 것이라 하더라도 제가 점점 제도하여 큰 이익을 얻게 하겠습니다."

『지장경』 제2품 「분신집회품」

06

지장보살을 예경하는 7종 이익

『지장경』「촉루인천품」에는 지장보살을 찬탄하고 예경하는 하늘, 용, 귀, 신이 받는 7종 이익을 제시한다.

"다시 또 허공장보살이여, 만약 현재와 미래에 하늘, 용, 귀, 신이 지장보살의 명호를 듣거나 지장보살의 형상에 예배하거나 혹은 지장보살 본원 등에 관한 일을 듣고 수행하고 찬탄하고 우러러 예배하면, 7종 이익을 얻게 된다.

첫째, 성인의 지위에 빨리 오른다.

둘째, 악업이 소멸된다.

셋째, 모든 부처님이 보호한다.

넷째, 보리(깨달음)의 길에서 물러나지 않는다.

다섯째, 본래의 힘이 더욱 커진다.

여섯째, 과거를 아는 지혜를 다 통달한다.

일곱째, 필경에는 성불한다.

『지장경』 제13품 「촉루인천품」

7종 이익을 살펴보면, 모든 중생에게 관계되는 내용이다. 그런데 경전에서는 꼭 집어서 '하늘, 용, 귀, 신'만 언급했다.

참고로 경전에서 천룡귀신天龍鬼神으로 되어 있다. 그런데 이는 '하늘의 용과 귀신'이 아니다. 제3품 「관중생업연품」을 보면, '혹은 용, 혹은 신, 혹은 하늘, 혹은 귀(或龍 或神 或天 或鬼)'라고 되어 있다. 따라서 '천룡'은 하늘중생과 용중생이다. 또한 귀신은 죽은 사람의 넋이 아니라 귀와 신으로 보아야 한다. 귀에는 사람을 잡아먹는 나찰 등이 있다. 또한 『지장경』에는 악목귀왕, 담혈귀왕, 섭독귀왕 등 여러 귀왕이 등장한다. 신의 경우, 불교에는 유일신이 없다. 단지 인간이 아닌, 신통한 능력을 지닌 이를 신이라 한다. 이러한 신은 매우 많다. 불교에 자주 등장하는 신은 천룡팔부天龍八部다. 천룡팔부는 하늘, 용, 야차, 건달바, 아수라, 가루라, 긴나라, 마후라가 등이다. 신통한 능력을 지녔기에 신이라 한다.

첫째, 하늘은 사천왕천, 제석천, 범천 등의 천신天神을 말한다.

둘째, 용은 범어로 '나가'라고 하는데 총 네 종류의 용이 있다(산스크리트어로는 뱀을 뜻한다.). 하늘의 궁전을 지키고 유지하여 인간 세계에 떨어지지 않게 하는 용, 구름을 일으키고 비를 이루어 인간 세계에 이익을 주는 용, 땅에 있으며 강을 터뜨리고 도량을 열어주는 용, 전륜성왕처럼 큰 복을 지닌 사람을 지키는 용이다.

셋째, 야차는 사천왕이 다스리는 포악하고 무서운 중생이다. 동작이 매우 빠르다는 뜻으로 속질귀速疾鬼라 번역한다. 종류에 따라 섬, 공중, 천상에 산다.

넷째, 건달바는 제석천 궁전에서 음악을 하는 음악의 신이다. 식향食香, 심향尋香, 향음香陰이라 번역한다. 아주 좋은 향을 찾아다니며 향을 먹고 산다.

다섯째, 아수라는 육도의 한 중생이다. 제석천과 늘 싸우는 싸움꾼이다. 아수라는 머리가 1000개이고, 손은 2000개이다. 또 머리가 1만 개이고, 손이 2만 개이다. 혹은 머리는 세 개, 손은 여섯 개인 경우도 있다. 산중 혹은 바다 밑에 산다.

여섯째, 가루라는 금시조다. 날개 끝이 금빛이기 때문에 금시조라 한다. 용을 잡아먹는 아주 무서운 능력을 지니고 있다.

일곱째, 긴나라는 제석천 앞에서 악기를 다룬다. 작아서 건달바만 못하다. 형체는 사람과 비슷하나 머리에 뿔이 있다. 인비인人非人이라 한다. 또는 사람인가 아닌가 의심스러워 의신疑神이라 한다.

여덟째, 마후라가는 큰 뱀에 해당하는 뱀의 신이다. 몸은 사람과 같고 머리는 뱀이다. 땅 위의 용이라고 하여 지룡地龍이라 하고, 큰 구렁이 같이 배로 다닌다고 하여 대복행大腹行이라 한다.

지장보살은 육도중생을 제도하리라고 발원했다. 육도는 지옥, 아귀, 축생, 아수라, 인간, 하늘이다. 따라서 하늘, 용, 귀, 신 등도 제도해야 할 중생이다. 그들은 때로는 불법을 지키는 호법신장護法神將이 되기도 하지만, 그들 또한 육도윤회를 끊고 깨달음을 추구하는 중생이다. 따라서 경전에서는 '하늘, 용, 귀, 신'을 꼭 집어서 그들이 지장보살을 공경 찬탄하는 7종 이익을 언급했다.

참고로, 법당에서 예불할 때 신중단을 향해 『반야심경』 등을 외운다. 그것은 부처님을 대신하여 천룡팔부 등 신중에게 부처님 가르침을 전하고자 하는 의미가 담겨 있다. 신중들이 부처님 법을 지키는 호법신중으로 역할을 자처하면서 자신들을 깨달음으로 이끌어 주시기를 부처님께 청했다는 이야기가 있기 때문이다.

제
4
장

업과
지옥

01

『지장경』에서
업과 지옥을
강조하다

"이러한 것들은 염부제 중생들이 몸이나 입이나 생각으로 짓는 악업으로 받은 결과다. 백천 가지 과보를 지금 대강 설명했다. 이와 같이 염부제 중생들이 업으로 받는 과보의 차별을 지장보살이 백천의 방편으로 교화한다. 그러나 이러한 모든 중생이 먼저 이와 같은 과보를 받고도 뒤에 지옥에 떨어져서 여러 겁을 지나도 나올 기약이 없다."

『지장경』 제4품 「염부중생업감품」

보통 '지장보살' 하면, '지옥중생을 구제하기 전에는 결코 성불하지 않겠다.'는 서원을 떠올린다. 그러나 『지장경』에는 지옥중생만을 꼭 찍어서 언급하지 않고, 육도중생을 모두 제도하겠다고 서원한다. 그런데 왜 유독 지장보살과 지옥을 연결하고 있는 것일까? 그것은 아마 삼계 육도 가운데 지옥중생의 고통이 가장 심하고, 실제 『지장경』에 지옥에 대한 상세한 설명이 있기 때문인 듯하다.

"만약 어떤 중생이 부모에게 불효하여 혹 살생하는 데까지 이르면, 마땅히 무간지옥에 떨어져서 천만억 겁이 지나도록 나오기를 구해도 나올 기약이 없다."

『지장경』 제4품 「염부중생업감품」

"염부제의 동쪽에 철위산이 있습니다. 그 산은 어둡고 깊어서 해와 달의 빛이 없고, 극무간極無間이라 이름하는 큰 지옥이 있습니다. 또 대아비大阿鼻라는 이름하는 지옥이 있습니다. 또 사각四角이라 이름하는 지옥이 있습니다…."

『지장경』 제5품 「지옥명호품」

『지장경』 제1품 「도리천궁신통품」, 제2품 「분신집회품」에서는 지장보살의 위신력과 서원을 언급한다. 제3품 「관중생업연품」, 제4품 「염부중생업감품」, 제5품 「지옥명호품」 등에서는 무간지옥, 업의 과보, 수많은 지옥 이름을 언급한다. 제6품 「여래찬탄품」부터는 지장보살의 가피를 받기 위한 여러 방법을 언급한다.

이러한 경의 구성이 재미있다. 우선 지장보살의 위신력과 서원을 언급함으로써 지장보살을 부각한다. 그리고 바로 중생의 모습 가운데 가장 심한 악행과 그로 인해 떨어지게 되는 지옥의 모습을 보여줌으로써 중생들이 자신의 삶을 돌아보고 지장보살의 가피를 구하게끔 한다. 그리고 여러 실천을 제시하고 작은 실천으로부터 지장보살의 가피가 가능함을 보여줌으로써 중생들이 실천하여 지장보살의 원력에 스며들게 한다.

이러한 구성은 마치 괴로움을 직시하고(고苦) 그 원인을 파악하고(집集), 열반의 세계(멸滅)로 가는 방법(도道)을 알려주는 사성제四聖諦의 가르침을 보는 듯하다.

여하튼 업과 과보, 지옥 등을 제시하여 중생에게 자신의 삶을 돌이켜보게끔 하는 것이 중요하다. 그러므로 지장신앙은 지장보살의 서원으로 시작하지만, 인과응보 또한 지장신앙의 중요한 내용 가운데 하나다.

"지장보살이 만약 살생하는 자를 만나면, 전생의 재앙으로 단명의 과보를 받는다고 설해준다. 만약 도둑질하는 자를 만나면, 가난으로 고초를 받는다고 설해준다. 만약 사음하는 자를 만나면…."

『지장경』 제3품 『관중생업연품』

02

업은
돌고 도는
숙명이 아니다

지난 세상 업을 피할만한 곳은
산도 아니요, 바닷속도 아니며,
땅에도 그럴만한 곳이 없고
하늘에도 없네.

그림자가 사람을 따라가듯이
편안히 살 자가 없고
선악의 업은 결코 없어지지 않으니
부처님께서 말씀하신 바이네.

『근본설일체유부비나야잡사』 제18권

보통 업을 팔자, 숙명 같은 뜻으로 안다. 업을 숙명의 의미로 보면, 업은 끝없는 반복의 의미가 있게 된다. 가령, 지금 어떤 행위를 하여 다음에 어떤 과보를 받고, 그 과보가 다시 원인이 되어 또 다른 과보를 받고… 이렇게 끝없이 이어져 나간다. 업을 이렇게 이해하면 최초의 행위로 이후 행위가 모두 결정되고, 지금 나의 행위는 전적으로 나의 의지로 인한 것이 아니게 된다. 이 모든 것은 앞선 행위에 따라 결정되어 나의 의지와 상관없이 순환할 뿐이다.

불교에서 업은 그런 숙명론의 의미가 아니다. 업은 '카르마karma'의 번역어로, '행위'라는 뜻이다. 우리가 하는 행위가 업이다. 몸으로 짓는 행위를 신업身業, 입으로 짓는 행위를 구업口業, 생각으로 짓는 행위를 의업意業이라 한다. 이를 신구의身口意 삼업三業이라한다.

업은 사라지지 않고 마음에 그 기운이 저장되어 다음 삶에 영향을 미친다. 즉, 선악의 행위에 따라 그 결과를 가져온다. 그 힘을 업이라고도 한다. 이러한 업의 특징으로 업을 돌고 도는 숙명으로 이해할 소지가 많다. 그런데 결과는 앞선 업의 결과일 뿐, 그 결과가 선업 또는 악업은 아니다. 무슨 말인지 예를 들어보자.

착한 일을 해서 표창장을 받았다고 할 때, 표창장을 받는 일은 즐겁지만, 표창장을 받았다는 것 자체가 새로운 착한 업은 아니다. 나쁜 일을 하여 교도소에 갔다면, 교도소에 간 일 자체가 새로운 나쁜 업은 아니다. 좋은 일을 해서 표창장을 받은 일은 표창장을 받은 일로 끝났고, 나쁜 일을 해서 교도소에 간 일은 교도소에 간 일로 끝났다. 표창장을 받은 일이나 교도소에 간 일은 선도 아니고 악도 아니다. 표창장을 받은 일과 교도소에 간 일로 인해 또다시 그 업보를 받지 않는다. 이를 무기無記라고 한다. '선악을 나타내지 않는다.'라는 뜻이다. 업보와 관련하여 '뒤를 기별하지 않는다.'라고 해석할 수도 있다.

물론 업의 결과가 조건이 되어 또 다른 업을 지을 수 있다. 그러나 업의 결과는 단지 간접적인 조건일 뿐 직접적인 원인은 아니다. 표창장을 받고도 이후 자신의 행동으로 나쁜 결과를 초래할 수도 있고, 교도소에 갔어도 이후 자신의 행동으로 좋은 결과를 가져올 수도 있다.

따라서 불교에서 말하는 업은 자유 의지가 사라진 숙명적인 순환이 아니다. 업이 숙명적인 순환이라면, 부처님은 우리에게 수행하라고 당부할 필요가 없었다. 언제 지었는지 모르는, 그때 한 행동으로 모든 일이 도미노처럼 진행되기 때문이다.

업은 피하기 힘들고 그 과보는 있지만, 반드시 그런 것은 아니다. 과보의 정도도 정해져 있지는 않다. 같은 업일지라도 쉽게 지나칠 정도의 과보로 나타날 수 있고, 강하게 느낄 정도의 과보로 나타날 수 있다. 지금 우리가 어떻게 살아가는가에 따라 다르게 나타난다. 수행하는 이유 가운데 하나가 그것이다. 그런데 경전에서 업과 과보를 강조하는 이유는, 중생들이 인과의 도리를 알고서 평소 착한 일을 많이 하고 악한 일을 하지 말며, 정진하게 하고자 하기 때문이다.

석가모니부처님을 포함하여 과거 일곱 부처님이 공통으로 하신 말씀이 있다. 〈칠불통계게七佛通戒偈〉라 한다.

제악막작諸惡莫作
중선봉행衆善奉行
자정기심自淨其心
시제불교是諸佛教

모든 악한 일을 짓지 말고
여러 착한 일을 받들어 행하여
그 마음을 스스로 깨끗하게 하라.
이것이 모든 부처님의 가르침이다.

03

생각으로
짓는 업이
가장 무겁다

"또 세 가지 업(삼업)을 부처님께서 말씀하셨다. 첫째는 몸으로 짓는 업(신업)이요, 둘째는 말로 짓는 업(구업, 혹은 어업語業)이요, 셋째는 생각으로 짓는 업(의업)이다.

이 세 가지 업에는 다시 두 가지가 있다. 하나는 착한 업(선업善業)이요, 다른 하나는 착하지 못한 업(불선업不善業)이다."

『불설대집법문경』

업을 헤아리자면 108업, 8만 4000업 또는 그 이상의 업이 있다. 그렇지만 보통 업을 이야기할 때는 신구의 삼업, 십악업十惡業 또는 십선업十善業 등을 말한다.

신구의 삼업은 몸으로 짓는 신업, 입으로 짓는 구업, 생각으로 짓는 의업이다. 여기에 각각 악업과 선업이 있다. 경전에서는 보통 십악업과 십선업을 언급한다.

십악업은 불교 의식에서 널리 독송하는 『천수경』 가운데 등장한다. 그 열 가지는 살생殺生, 투도偷盜(도둑질), 사음邪婬(그릇된 음행), 망어妄語(거짓말), 기어綺語(사탕발림), 양설兩舌(이간질), 악구惡口(험악한 말), 탐애貪愛(탐욕), 진에瞋恚(성냄), 치암癡暗(어리석음)이다.

십악업 가운데 살생, 투도, 사음은 신업이고, 망어, 기어, 양설, 악구는 구업이고, 탐애, 진에, 치암은 의업이다. 특히 마지막 의업인 탐애, 진에, 치암은 중생의 삶을 근본적으로 옭아매어, 특히 탐진치 삼독三毒이라 한다.

십선업은 불살생, 불투도, 불사음, 불망어, 불기어, 불양설, 불악구, 불탐애, 부진에, 불치암이다. 십선업은 십악업 앞에 모두 '불不'을 넣어 '하지 마라.'라고 하여 다소 소극적인 측면으로 이야기하기도 하지만, 적극적인 자비행으로 이야기하기도 한다.

즉, 모든 생명을 살려준다, 부지런히 노력한다, 바른 행동을 한다, 정직한 말을 한다, 진정성 있는 말을 한다, 화합하는 말을 한다, 사랑스러운 말을 한다, 모두에게 골고루 보시한다, 모두를 자비심으로 대한다, 슬기롭게 생각한다 등이다.

한편, 삼업인 신업, 구업, 의업을 사업思業과 사이업思已業으로 분류한다. 『중아함경』 제27권 「달범행경」에서는 "업에 두 가지가 있다. 사업과 사이업이다."라고 한다. '사업'은 '생각으로 지은 업'으로

▲ 남양주 흥국사 지장전의 지장보살상과 망자의 죄를 심판하는 시왕상

의업을 말하고, '사이업'은 '생각하고서 지은 업'으로 신업과 구업을 말한다. 신업과 구업은 독자적으로 일어난 업이 아니라, 의업을 전제로 일어난 업이라는 의미다. 따라서 신구의 삼업 가운데 중심은 바로 의업이다.

　　부처님께서 말씀하셨다.
　　"고행자여, 이 삼업은 이렇게 서로 비슷하다. 그리고 나는 의업을 가장 무겁다고 하여 악업을 행하지 않게 하고, 악업을 짓지 않게 한다. 신업과 구업은 그렇지 않다."

『중아함경』 제32권 「우바리경」

04

십선으로
십악을
다스리다

선업이든, 악업이든, 모두 열 가지 이상의 업이 있다. 십악업과 십선업은 그보다 많은 업 가운데 두드러지고 대표되는 업이므로 강조하여 언급한다. 그리고 악업으로 인해 우리의 삶은 돌고 돌며 괴로움이 이어지므로, 부처님께서는 십악업을 경계하고자 적극적인 십선업보다는 십악업을 강조하셨다.

우선 불선업에 대해 조금 자세하게 알아보자.

첫째, 살생. 산목숨을 죽이는 행위다. 산목숨을 죽인 행위부터 죽음에 이르게 하는 행위까지 모두 살생이다. 상대에게 생명의 위협을 느끼게 한 모든 행위가 살생의 범위에 들어간다.

둘째, 투도. 주지 않은 남의 물건을 취하는 행위다. 도둑질이다. 개인과 공공 소유의 물건을 빼앗고 훔치고 속여서 가지고, 세금과 차비 등을 속여 내지 않아도 투도다. 또는 남의 물건을 허락 없이 다른 곳으로 이동시키는 것도 투도다. 도서관 책을 자기 혼자 보려고 엉뚱한 곳에 두는 행위도 투도다.

셋째, 사음. 속세의 신자들이 지켜야 할 다섯 가지 계율인 오계五戒에는 '그릇된 음행(사음)을 하지 말라.'고 하고, 출가자에게는 '음행하지 말라.'고 한다. 재가자는 부부 간의 관계 등을 인정하기 때문에 음행이 아니라 '그릇된 음행(사음)'이다. 그런데 재가자가 특정한 날 지키는 팔재계八齋戒에는 '음행하지 말라.'고 한다. 이때는 부부간의 관계도 하지 않는다.

넷째, 망어. 헛된 말로, 거짓말이다. 사실과 다르게 하는 말이다. 그런데 다른 이의 급한 재난을 돕는 방편으로써 하는 거짓말은 죄가 되지 않는다.

다섯째, 기어. 비단결같이 화려하게 꾸민 말이다. 듣기 좋은 말을 늘어놓으며 남의 마음을 어지럽게 한다. 아첨하는 말, 유혹하는 말이 여기에 해당한다.

여섯째, 양설. 두 개의 혀, 즉 이간질하는 말이다. 또는 처음에는 칭찬하다가 나중에 비방하는 말, 앞에서는 좋다 하고 돌아서서 아니다 하는 말도 여기에 해당한다.

일곱째, 악구. 욕설 등 악한 말이다. 심한 욕설 등으로 상대방을 헐뜯는 말이다.

오계에서는 망어, 기어, 양설, 악구를 모두 망어(거짓말)에 포함하지만, 십악에서는 각각 구분한다.

여덟째는 탐애(탐욕), 아홉째는 진에(성냄), 열째는 치암(어리석음) 이다. 이 셋을 삼독이라 한다. 이로 인해 모든 고통이 생기고, 모든 악업을 짓기 때문에 '독'이라 하는 것이다. 그 가운데 치암이 가장 근본이다. 자신과 세상을 집착하는 어리석음(치암)으로, 집착한 견해에 맞으면 욕심(탐욕)을 내고, 맞지 않으면 화(진에)를 낸다. 탐진치 삼독은 곧 말과 행동으로 드러나 온갖 악업을 짓는다.

다음 십선업에 대해 좀 더 알아보자.

십선은 십선계+善戒 또는 십선도+善道라고 한다. 『잡아함경』의 「십선경」, 『화엄경』의 「십지품」, 『지장십륜경』의 「선업도품」 등에서 설명하는 내용을 다음과 같이 정리했다.

첫째, 불살생. 산목숨을 죽이지 않는다. 생명 죽이기를 멀리하고 해칠 마음을 가지지 않는다.

둘째, 불투도. 주지 않는 것을 훔치지 않는다. 주는 것만 가지고 즐거워하며 도둑질하려는 마음을 끊어버린다.

셋째, 불사음. 그릇된 음행을 하지 않는다. 그릇된 음행을 멀리하고 부부 간의 생활에 행복해한다.

넷째, 불망어. 거짓말을 하지 않는다. 자기나 남을 위하여, 재물과 오락을 위하여 거짓으로 말하지 않는다.

다섯째, 불기어. 꾸민 말을 하지 않는다. 참되지 않고 의미 없고 이익되지 않는 말을 멀리하고 항상 적법한 말을 한다.

여섯째, 불양설. 이간질하는 말을 하지 않는다. 이간질하는 말을 멀리하여 남의 친한 벗을 떠나게 하지 않고 화합을 생각한다.

일곱째, 불악구. 악한 말을 하지 않는다. 악한 말을 멀리하고 부드러운 말을 하여 남의 마음을 상하지 않게 한다.

여덟째, 불탐애. 탐욕을 부리지 않는다. 이익되는 것을 보아도 내 것이라 말하지 않고 탐하는 생각을 내지 않는다.

아홉째, 부진에. 성내지 않는다. 사랑하는 마음을 가져 해칠 생각이 없어 어떤 중생도 해치지 않고 언제나 마음에 원한을 맺지 않는다.

열째, 불치암. 어리석음에 빠지지 않는다. 인과법에 대한 바른 믿음을 갖고 바른 견해를 가진다.

05

오역죄로
무간지옥에
떨어지다

『지장경』 제3품 「관중생업연품」은 마야부인과 지장보살의 문답
으로 구성된다. 중생이 짓는 업의 차별과 받는 과보를 묻고 답하는
내용이다. 바로 「관중생업연품」이라는 품명이 '중생이 짓는 업의 인
연을 관찰하다.'라는 뜻이다. 그런데 이 품에서는 무간지옥에 떨어
지는 업의 인연만 자세하게 언급한다. 그 외 여러 업의 과보는 제
4품 「염부중생업감품」에서 별도로 언급한다.

마야부인이 거듭 말했다.
"또한 염부제에서 지은 죄의 과보로 받는 악취에 대해 듣고
싶습니다." …
그때 지장보살이 마야부인에게 말했다.

"남염부제에서 지은 죄의 과보는 이와 같습니다.

만약 어떤 중생이 부모에게 불효하고 혹은 죽이기까지 했다면, 마땅히 무간지옥에 떨어져서 천만억 겁에 나올 기약이 없습니다.

만약 어떤 중생이 부처님 몸에 피를 내거나 삼보를 비방하고 경전을 공경하지 않으면, 마땅히 무간지옥에 떨어져서 천만억 겁에 나올 기약이 없습니다.

만약 어떤 중생이 사찰의 재산을 손상하고, 비구 비구니를 더럽히고, 혹은 사찰 안에서 음욕을 자행하고, 혹은 죽이거나 해치면, 이러한 무리는 무간지옥에 떨어져서 천만억 겁에 나올 기약이 없습니다.

만약 어떤 중생이 거짓으로 스님이 되어 마음은 스님이 아니라 사찰 물건을 함부로 쓰거나 파손하고, 재자 신도를 속이고, 계율을 어기고서 여러 악한 일을 하면, 이러한 무리는 무간지옥에 떨어져서 천만억 겁에 나올 기약이 없습니다.

만약 어떤 중생이 사찰 물건을 도둑질하여 재물, 곡식, 음식, 의복, 나아가 한 가지 물건이라도 주지 않는 것을 가진다면, 마땅히 무간지옥에 떨어져서 천만억 겁에 나올 기약이 없습니다."

『지장경』 제3품 「관중생업연품」

가장 고통이 심한 지옥이 무간지옥이다. 무간지옥에 떨어지는 죄를 오역죄五逆罪라 한다. 이는 소승과 대승에서 차이가 있다.

소승에서는 ① 어머니를 해치는 행위, ② 아버지를 해치는 행위, ③ 아라한을 해치는 행위, ④ 부처님 몸에서 피를 내는 행위, ⑤ 화합승가를 파괴하는 행위다.

대승에서는 ① 사찰을 파괴하고 경전과 불상을 불태우고 삼보의 물건을 빼앗는 행위, ② 성문, 연각, 대승의 법을 비방하는 행위, ③ 출가자의 수행을 방해하거나 출가자를 죽이는 행위, ④ 소승 오역죄 가운데 하나를 범하는 행위, ⑤ 모든 업보는 없다고 생각하여 불선업을 행하며 다음 세상을 두려워하지 않고 또는 그런 내용을 다른 사람에게 가르쳐주는 행위다.

또는 소승의 오역죄에서 어머니와 아버지를 해치는 행위를 하나로 하고, 부처님 가르침을 비방하는 행위를 죄로 넣어 오역죄라 한다.

그런데 위의 『지장경』 제3품 「관중생업연품」에서는 소승과 대승의 오역죄 가운데 대표되는 것을 뽑아서 언급했다.

중생이 짓는 업의 차별과 받는 과보를 묻고 답하는 가운데, 오역죄와 무간지옥을 언급하는 것은, 우리에게 자신의 삶을 돌이켜보라고 하는 의미가 있다. 단순하게 오역죄나 무간지옥을 소개하고자 하는 가르침이 아니다. 지은 죄가 있으면 참회하고, 다시는 이런 업을 짓지 않도록 열심히 정진하고 선하게 살기를 바라는 지장보살의 자비 말씀이다.

06

무간지옥,
다섯 가지
틈이 없다

무간지옥을 아비지옥阿鼻地獄이라고 한다. '아비' 인도어로 무간
無間이라 번역한다. 틈이 없이 고통받는다고 해서 무간지옥이다.

지장보살은 무간지옥에 떨어지는 업을 언급하고서, 무간지옥의
특징을 간략하게 표현한다.

> "만약 어떤 중생이 이와 같은 죄를 지으면, 마땅히 오무간
> 지옥五無間地獄에 떨어져서 잠깐이라도 고통이 멈추기를 구
> 하나 한순간도 그럴 수가 없습니다."
>
> 『지장경』 제3품 「관중생업연품」

"잠깐이라도 고통이 멈추기를 구하나 한순간도 그럴 수가 없습니

다."라는 말이 바로 무간지옥을 대표하는 표현이다. 그럼『지장경』
에 언급된 무간지옥의 고통스러운 현장을 잠깐 살펴보자.

"천백 야차와 악귀의 어금니는 칼날 같고, 눈은 번개 빛과
같습니다. 또 구리쇠 손톱으로 창자를 빼내 끊습니다. 또 어
떤 야차는 큰 쇠창을 가지고 죄인의 몸을 찌릅니다. 혹은 입
과 코를 찌르고, 혹은 배와 등을 찔러서 공중에 던졌다가 도
로 받거나, 혹은 그대로 평상 위에 두기도 합니다. 또 쇠로 된
매는 죄인의 눈을 쪼고, 또 쇠로 된 뱀이 죄인의 머리를 감습
니다. 온몸에 긴 못을 치고, 혀를 빼서 밭을 갈듯이 죄인을 끌
고 다니고, 구리 쇳물을 입에 붓고, 뜨거운 쇠로 몸을 감습니
다. 하루에 1만 번 죽고 1만 번 태어납니다. 업으로 받은 과보
가 이와 같아서 억겁을 지낼지라도 나올 기한이 없습니다.
이 세계가 무너지면 다른 세계로 옮겨가고, 다른 곳이 무너
질 때 또 다른 곳으로 옮겨갑니다. 이 세계가 다시 이루어지
면 다시 돌아옵니다. 무간지옥의 죄로 받는 과보는 이와 같습
니다."

『지장경』 제3품 「관중생업연품」

"하루에 1만 번 죽고 1만 번 산다."라고 하지만, 죽는 것이 아니
다. 고통이 간격 없이 이어진다. 죽어도 죽을 수 없는 곳이 무간지

옥이다.

무간지옥을 오무간지옥이라고도 한다. 무간지옥에는 다섯 가지 무간의 뜻이 있기 때문이다.

"또 업의 과보로서 다섯 가지 일을 받기 때문에 무간이라 이름합니다. 이 다섯 가지는 무엇인가.

첫째, 밤낮으로 과보를 받아서 겁 수에 이르도록 끊어질 때가 없으므로 무간이라 합니다.

둘째, 한 사람이라도 그 지옥에 가득 차고, 많은 사람도 가득 차므로 무간이라 합니다.

셋째, 죄 다스리는 기구인 창과 방망이 … 목이 마르면 쇳물을 마시면서 해가 가고 겁이 마치도록 천억 겁을 헤아려도 고초가 이어져서 끊어질 틈이 없으므로 무간이라 합니다.

넷째, 남녀, 태어난 곳, 노소, 귀천, 용, 신, 하늘, 귀 등을 막론하고, 지은 죄로 받는 업보가 모두 같으므로 무간이라 합니다.

다섯째, 만약 이 지옥에 떨어지면 처음 들어갈 때부터 백천 겁이 지나도록 하루 1만 번 죽고 1만 번 살아나는데, 잠깐 머물기를 원하여도 불가능합니다. 업이 다하여 다음 생을 받기 전에는 힘듭니다. 이러한 일이 계속되므로 무간이라 합니다."

『지장경』 제3품 「관중생업연품」

정리하자면 이렇다. ① 벌을 받는데 끊어지는 때가 없다. ② 넓고 넓은 지옥은 한 사람이 있어도 가득 차고, 여러 사람이 있어도 가득 차서 틈이 없다. ③ 여러 가지 고초가 이어져 끊어지지 않는다. ④ 중생은 차별 없이 똑같은 업에 똑같은 보를 받는다. ⑤ 그 지옥에서 죽고 살기를 반복하며 잠깐이라도 끊어짐이 없다.

한편, 다섯 가지 무간을 다르게 설명하기도 한다. ④ 의 내용 대신에 다음 내용을 넣는다. 무간지옥에 떨어질 만한 업을 짓고서 죽으면, 중간에 다른 곳에 태어날 틈이 없이 바로 무간지옥에 떨어진다는 것이다.

07

다양한 지옥에서 받는 죄의 과보

경전마다 지옥의 종류를 다소 다르게 언급한다. 지옥은 범어(인도 어)로 나라카 또는 '니라야'다. 나락가那落迦 등으로 음사한다. '나락 으로 떨어졌다.'는 표현이 여기서 나왔다. 나락가를 다음과 같이 풀 이한다(『아비달마순정리론』 제21권 참조).

'나락가에서 '나락'은 사람이라는 뜻이고, '가'는 악惡이라는 뜻이 다. 사람이 악을 많이 지으면 그곳에 떨어지므로 나락가라 한다. 또 악을 지은 사람에게 아주 가까운 곳이므로 나락가라 한다. 중죄를 지은 사람은 그곳에 빠르게 떨어지기 때문이다.

또는 '가'는 즐거움(낙樂)의 다른 이름이고, '나'는 없다(무無)이고, '락'은 함께한다는 뜻이다. 즐거움과 함께함이 없으므로 나락가라 한다.

'락가'는 구제의 뜻이고, '나'는 불가不可하다는 뜻이다. 구제할 수 없으므로 나락가라 한다. '락가'는 사랑하며 즐거워한다는 뜻이다. 그곳은 사랑하며 즐거워할 수 없으므로 나락가라 한다.'

따라서 지옥, 나락가는 악을 많이 짓고, 중한 죄를 지은 중생이 떨어지는 곳이다. 그곳은 즐거움은 없고, 구제할 수 없고, 사랑하거나 즐거워할 것이 없다. 그런 지옥중생을 구제하고자 지장보살은 발원했다. 『지장경』에서 지장보살은 무간지옥뿐만 아니라 다양한 지옥 이름과 지옥의 참혹한 모습을 언급한다.

지장보살이 말씀하셨다.

"어진 분이여, 제가 이제 부처님의 위신력과 대보살의 힘을 받아 지옥 명호와 죄로 받는 일을 말씀드리겠습니다.

어진 분이여, 염부제 동쪽에 철위산이 있습니다. 그 산은 어둡고 깊어서 해와 달의 빛을 볼 수 없습니다. 대지옥이 있는데 극무간이라 이름합니다. 또 지옥이 있는데 대아비라 이름합니다. 또 지옥이 있는데 사각이라 이름합니다. 또 지옥이 있는데…."

지장보살이 말씀하셨다.

"어진 분이여, 철위산에 이와 같은 지옥은 그 수가 끝이 없습니다. 또 지옥이 있는데 규환지옥이라 이름합니다. 또 지옥이 있는데 … 이와 같은 지옥이 있습니다.

그 여러 지옥 가운데 각기 다시 작은 지옥들이 혹은 하나,
혹은 둘, 혹은 셋, 혹은 넷, 나아가서 백천 개가 있습니다. 이
가운데 이름은 각각 다릅니다."

『지장경』 제5품 「지옥명호품」

지옥 이름을 보더라도 벌써 지옥의 참혹한 모습이 그려진다. 「지
옥명호품」에서 언급한 지옥 이름을 풀어서 살펴보자.

- 비도飛刀지옥: 칼이 날아다니는 지옥

- 화전火箭지옥: 불화살 지옥

- 협산夾山지옥: 좁은 산 지옥

- 통창通槍지옥: 창으로 찌르는 지옥

- 철거鐵車지옥: 쇠수레가 깔아뭉개는 지옥

- 철상鐵床지옥: 시뻘겋게 달아오른 쇠평상에 앉아 있는 지옥

- 철우鐵牛지옥: 쇠로 된 소가 떠받는 지옥

- 철의鐵衣지옥: 시뻘겋게 달아오른 쇠옷을 입는 지옥

- 철도鐵刀지옥: 쇠칼 지옥

- 철려鐵驢지옥: 쇠나귀가 매달고 가는 지옥

- 철옥鐵屋지옥: 쇠집 지옥

- 철환鐵丸지옥: 쇠구슬 지옥

- 철부鐵鈇지옥: 쇠저울 지옥

▲ 큰 톱으로 죄인을 자르는 거해지옥

- 양동洋銅지옥: 끓는 구리물 속에 들어가는 지옥

- 포주抱柱지옥: 시뻘겋게 달아오른 기둥을 껴안는 지옥

- 유화流火지옥: 불이 흐르는 지옥

- 경설耕舌지옥: 혀를 길게 빼서 밭 삼아 가는 지옥

- 좌수剉首지옥: 목 자르는 지옥

- 소각燒脚지옥: 발 태우는 지옥

- 소수燒手지옥: 손 태우는 지옥

- 담안啖眼지옥: 눈 씹어 먹는 지옥

- 쟁론諍論지옥 : 끊임없이 다투는 지옥

- 다진多瞋지옥: 성을 많이 내는 지옥

▲ 혀를 뽑고 그 혀를 소가 갈게 하는 경설지옥

- 규환叫喚지옥: 소리 지르는 지옥

- 발설拔舌지옥: 혀 뽑는 지옥

- 분뇨糞尿지옥: 똥오줌 지옥

- 동쇄銅鎖지옥: 구리 사슬 지옥

- 화상火象지옥: 불코끼리 지옥

- 화구火狗지옥: 불개 지옥

- 화마火馬지옥: 불말 지옥

- 화우火牛지옥: 불소 지옥

- 화산火山지옥: 불산 지옥

- 화석火石지옥: 불돌 지옥

▲ 차가운 얼음뿐인 한빙지옥에서 고통받는 죄인들

- 화상火床지옥: 불평상 지옥

- 화량火梁지옥: 불대들보 지옥

- 화응火鷹지옥: 불매 지옥

- 화랑火狼지옥: 불이리 지옥

- 화옥火屋지옥: 불집 지옥

- 거아鋸牙지옥: 날카로운 이빨 지옥

- 박피剝皮지옥: 껍질 벗기는 지옥

- 음혈飮血지옥: 피 뽑아 마시는 지옥

- 도자倒刺지옥: 가시밭에 처넣는 지옥

지옥 명호를 통해 지옥의 고통스러운 모습을 알 수 있다. 그리고 「지옥명호품」에는 몇몇 지옥 모습이 간략하게 언급된다.

"어떤 지옥은 죄인의 혀를 뽑아내어 소가 갈게 한다. 어떤 지옥은 죄인의 심장을 빼내어 야차에게 먹인다. 어떤 지옥은 죄인의 몸을 끓는 가마솥 물에 삶는다. 어떤 지옥은 벌겋게 달군 구리쇠 기둥을 죄인에게 안게 한다. 어떤 지옥은 맹렬한 불덩이가 죄인을 쫓아다니며 태워버린다. 어떤 지옥은 온통 차가운 얼음뿐이다. 어떤 지옥은 끝없는 똥오줌이다. 어떤 지옥은 죄인을 많은 불창으로 찌른다. 어떤 지옥은 쇠몽둥이로 죄인의 가슴과 등을 친다. 어떤 지옥은 죄인의 손과 발만을 태운다. 어떤 지옥은 무쇠로 된 뱀이 죄인의 온몸을 감는다. 어떤 지옥은 무쇠로 된 개가 죄인을 쫓는다. 어떤 지옥은 무쇠 나귀가 죄인을 뒤에 매단 채 끌고 다닌다."

『지장경』 제5품 「지옥명호품」

08

마음으로 펼쳐지고
마음으로 느끼는
지옥

지난 세월 지은 업은 사라지지 않고 마음에 저장되고, 저장된 업은 후에 과보를 받는다. 이번 생에 받거나, 다음 생에 받거나, 과보를 받을 생이 정해지지 않은 경우도 있다. 이처럼 업에 따라 돌고 도는 삶을 생사윤회라 한다.

생사윤회라고 하면 육도윤회를 함께 언급한다. 자신이 지은 업에 따라 지옥, 아귀, 축생, 아수라, 인간, 하늘로 태어나면서 돌고 돈다. 그런데 이러한 생사윤회를 받아들이는 사람도 있고, 받아들이지 않는 사람도 있다. 누구나 인정할 수 있도록 사후 세계를 현재 객관적으로 증명할 수 없기 때문이다. 사후 세계를 체험한 사람들의 이야기는 있지만 말이다.

불교에서는 전반적으로 육도윤회를 전제로 가르침이 펼쳐진다.

그렇지만 간혹 윤회를 믿지 않는 사람이나, 또는 업의 과보인 육도윤회를 다음 생으로만 여기는 사람을 위해 지금 현실의 문제로서 설명한다.

즉, 마음 한번 일어난 것이 생生이요, 마음 한번 사라지는 것이 사死다. 예를 들어 퇴근 후 지하철을 타고 이동한다. 그런데 만원 지하철이라 사람에 치여 힘들다는 생각이 들면, 지옥이다. 몇 개의 역을 지나서 내 앞에 자리가 나서 행복한 생각이 들면, 하늘이다. 그런데 내가 앉으려는 순간 누가 가방을 던지고 앉을 때 속으로 혹은 입 밖으로 거친 소리를 하면, 싸움꾼인 아수라다.

이러한 육도윤회는 내생뿐만 아니라 지금 순간순간을 말하기도 한다. 많은(중衆) 생각이 생겨나서(생生) 거듭 이어지기 때문에 중생이다. 많은 생이 태어나기 때문에 중생이다.

마찬가지로 『지장경』에 언급된 지옥의 고통을 우리가 느낄 수 있는 현실적인 고통으로 설명하기도 한다.

칼이 날아다니는 비도지옥은 살을 에고 가슴을 저미는 듯한 아픔이다. 불화살 지옥인 화전지옥은 가슴이 불로 가득 찬 듯한 느낌이다. 좁은 산인 협산지옥은 무엇인가 답답하며 점점 사방이 좁아지는 듯한 느낌이다. 창으로 찌르는 통창지옥은 배와 등을 쑤셔서 뚫어내는 큰 아픔을 맛보는 느낌이다. 쇠수레가 깔아뭉개는 철거지옥은 삶의 고통으로 무엇인가에 짓눌리는 듯한 느낌이라는 등등의 설명이 나온다.

이처럼 마음의 상태에 따라 육도윤회 및 지옥의 모습을 설명한다. 마찬가지로 현생에서 어떤 마음으로 어떤 삶을 겪으면서 살았는가에 따라서 사후 세계 및 내생이 다르게 펼쳐진다고 한다. 『티벳 사자의 서』 등에서는 사후 세계를 언급한다. 가령, 생전에 불자로서 불보살님을 생각하며 착하게 살았다면, 밝은 광명 속에 불보살님이 나타나서 인도한다. 혹 악한 일을 했다면, 사후에 어둠이 펼쳐진다. 만약 다른 종교의 삶을 살았다면, 그 종교와 관련된 상황이 나타난다.

이와 관련하여 재미있는 만화가 있다. 저승사자가 망자를 데려가기 위해 말을 타고 온다. 그런데 이 만화 속 어떤 저승사자는 기차를 타고 온다. 망자가 기차와 관련된 철도 공무원이었다. 또 어떤 저승사자는 스카이콩콩을 타고 온다. 망자가 스카이콩콩을 타고 노는 어린이였기 때문이다. 마음에 의해 세상이 펼쳐지고 사후 세계가 펼쳐진다는 불교 교리를 재미있게 응용한 그림이다.

다음 이야기는 옛날 뛰어난 스님들의 논쟁 가운데 등장한다. 그이야기에 앞서 우리도 망상을 피워보자. 지옥에서 그곳의 중생을 관리하는 지옥 옥졸은 어떻게 그곳에 있는 것일까? 지옥 옥졸은 전생에 착한 일을 해서 지옥에 태어난 것일까, 악한 일을 해서 지옥에 태어난 것일까? 착한 일을 했는데 지옥에 태어날 일이 없지 않은가. 악한 일을 했다면 고통을 받아야 하는데 오히려 지옥중생에게 고통을 주고 있지 않은가? 혹 교도소의 모범수처럼 지옥 생활을 잘했는가?

『유식이십론』에는 지옥 옥졸에 대해 이렇게 설명한다.

첫째, 지옥에서는 죄를 지은 중생들이 갖가지 고통을 받는다. 옥졸 등이 만약 지옥중생이라면, 그들도 역시 갖가지 고통을 받아야 한다. 그런데 그들은 한결같이 지옥의 고통을 받지 않는다. 따라서 옥졸 등은 지옥중생이 아니다.

둘째, 옥졸 등이 지옥중생이라면, 마땅히 서로 핍박하고 살해하여 여기는 옥졸이고 저기는 죄인이라고 분별할 수 없어야 한다. 그러나 서로 핍박하지 않고, 옥졸 등과 죄인을 분별할 수 있다. 따라서 옥졸 등은 지옥중생이 아니다.

셋째, 옥졸 등이 지옥중생이라면, 형상, 크기, 힘 등이 모두 같아서 마땅히 서로 핍박하고, 죄인만이 두려움을 받는 것은 아니어야 한다. 그런데 지옥에서는 죄인만이 두려움을 받는다. 따라서 옥졸 등은 지옥중생이 아니다.

넷째, 옥졸 등이 지옥중생이라면, 맹렬히 타오르는 불꽃이나 바닥이 뜨겁게 달구어진 쇠로 된 것에 고통을 참을 수 없고, 그 상태에서 죄인들을 핍박할 수 없어야 한다. 그런데 실제로는 고통을 받지 않고 죄인들을 핍박한다. 따라서 옥졸 등은 지옥중생이 아니다.

다섯째, 지옥에서 고통받는 중생은 오역 등 갖가지 악업을 지었으므로 그곳에 태어난다. 그런데 옥졸 등은 악업을 짓지 않았으므로 그곳에 태어나지 않아야 한다.

이처럼 몇 가지 이유로 지옥 옥졸은 중생이 아니라, 지옥중생이 마음으로 만들어낸 허깨비로 본다. 도둑이 제 발 저린다고나 할까. 지옥중생이 만든 망상이다. 지난 업으로 자기가 만든 망상에 자기가 괴로움을 당한다.

　다른 의견도 있다. 가령, 지장보살을 비롯한 여러 불보살님이 지옥중생을 구제하고자 방편으로 염라대왕을 비롯한 여러 저승사자 등의 모습으로 나타난다고 한다. 이 또한 저승사자 등은 악업으로 태어난 중생이 아니다.

　　"(지장보살은) 중생을 제도하기 위하여 시방세계에서 어떤
　　때는 대범왕의 몸이 되어 나타나서 중생의 근기에 맞게 설법
　　한다. 혹은 대자재천의 몸이 되고, … 혹은 염마왕의 몸이 되
　　고, 혹은 지옥 포졸의 몸이 되며, 혹은 지옥중생의 몸이 된다."

『지장십륜경』「서품」

09

지장보살이
업에 대한
과보를 말하다

지장보살은 먼 겁으로부터 지금까지 중생을 제도하지만, 중생이 끊어짐이 없기에 그 원도 다하지 않는다. 자비한 마음으로 지금 세상 죄의 과보에 빠진 중생을 불쌍히 여기고, 다시 한량없는 겁 동안에 죄의 괴로움에 빠진 중생이 끊어지지 않음을 살핀다. 그리고 큰 원을 일으켜 헤아릴 수 없이 많은 중생을 방편으로 교화한다.

『지장경』은 중생 교화 방편 가운데 하나로 업에 대한 과보를 말하고 있다.

"지장보살이 만약 살생하는 자를 만나면, 전생의 재앙으로 단명의 과보를 받는다고 말해준다. 만약 도둑질하는 자를 만나면, 빈궁으로 고초를 받는다고 말해준다. … 만약 삿된 소견을 가진 자를 만나면, 변방에 태어나는 과보를 말해준다."

『지장경』 제4품 「염부중생업감품」

『지장경』에서 말하는 업과 과보를 간략하게 정리해보면 다음과 같다.

- 살생 → 단명
- 도둑질 → 빈궁
- 사음 → 참새 · 오리 · 원앙새로 태어남
- 험한 말 → 권속들이 싸움
- 비방 → 혀가 없거나 입에 부스럼이 남
- 성냄 → 얼굴이 더럽고 파리해지는 병
- 인색 · 탐욕 → 소원대로 되지 않는 과보
- 법도가 없는 음식 섭취 → 굶주림 · 목마름 · 목병
- 함부로 사냥 → 놀라고 미쳐서 죽음
- 불효 → 천재지변으로 죽음
- 산과 숲을 태움 → 미쳐 헤매다 죽음
- 그물로 날짐승 잡음 → 권속의 이별
- 삼보 비방 → 볼 수 없고 들을 수 없고 말하지 못함
- 불법을 업신여김 → 악도(지옥, 아귀, 축생)
- 사찰 물건 함부로 사용 → 억겁 동안 지옥

- 청정한 행을 더럽히고 스님을 속임 → 축생
- 끓는 물·불·도끼로 상해 → 윤회하며 서로 되갚음
- 계행을 깨뜨림 → 배고픈 새와 짐승
- 재물을 옳지 않게 남용 → 원하는 것이 생기지 않음
- 아만이 가득함 → 미천한 종
- 이간질 → 혀가 없거나 100개가 됨
- 그릇된 소견 → 변방에 태어남

지장보살이 죄업을 짓는 사람에게 업보를 말해주는 것은 자비심으로 인한 교설이다. 그 죄업을 지은 사람에게는 참회할 기회를 제공하고, 이 내용을 듣는 우리에게는 그런 잘못을 사전에 방지하고자 함이다. 그러나 자신의 잘못을 듣고도 참회하지 않는 중생이 있고, 이 가르침을 듣고도 잘못을 저지르는 중생이 있다.

부처님께서 염라천자에게 말씀하셨다.

"남염부제 중생은 그 성질이 억세고 거칠어서 다스리기가 어렵다. 그러나 지장보살은 백천 겁 동안 이러한 중생을 하나하나 구제하여 해탈하게 했다. 이 죄인이 대악취에 떨어지면 지장보살이 방편력으로 근본 업의 인연에서 빼내어 지난 세상의 일을 깨닫게 했다. 그러나 이 염부제 중생들이 스스로 악습을 얽매어 나오자마자 들어간다. 지장보살을 수고롭게

하고 오랜 겁을 지낸 뒤에 해탈하게 된다."

『지장경』제8품 「염라왕중찬탄품」

한편, 이러한 업과 업보 관계를 듣고서 다른 이의 현재 모습을 함부로 평하지 말아야 한다. 우리는 '전생에 어떤 업을 지었길래….' 하고 쉽게 말한다. 조심해야 한다. 다음은 『금강경』의 말씀이다.

"선남자 선여인이 이 경을 받아 지니며 읽고 외우더라도 만일 남에게 업신여김을 당하면, 이 사람은 전생에 지은 죄업으로 마땅히 악도에 떨어져야 하는데, 금생의 사람들이 업신여김으로써 전생의 죄업이 소멸되고 마땅히 아뇩다라삼먁삼보리를 얻으리라."

『금강경』제16분 「능정업장분」

『금강경』의 말씀과 마찬가지로, 지금 내가 보는 어떤 사람의 모습은 크게 두 가지 경우에 따라 현재의 모습을 취한 것이다. 하나는 전생의 악업으로 인한 모습이다. 또 하나는 선업의 결과로 이전 악업을 다 포함하는 모습이다. 이전 모든 악업을 대신하여 이 업보를 받고, 모든 악업이 소멸한다. 즉, 어떠한 선행으로 인해 이전의 모든 악업을 지금 생에 받은 업보로 퉁친다. 어느 경우인지 알기 어렵다. 그러므로 다른 이의 업과 업보를 함부로 평하지 말아야 한다.

10

정해진
업을
바꾸다

"가령 100겁을 지내어도
지은 업은 없어지지 않나니
인과 연이 마주칠 때
과보를 저절로 받게 되네."

『근본설일체유부비나야잡사』 제18권

경전 곳곳에서 업의 무거움을 이야기한다. 이는 중생들이 업보의
무서움을 알고, 악한 일 짓지 말고 착한 일 많이 하라고 강조하는 가
르침이다. 여러 경전 말씀에 의하면, 지은 업을 바꾸거나 없애기 쉽
지 않다. 그러나 비록 업을 바꾸는 일이 어려울지라도 불가능하지
는 않다. 그러므로 '지장보살 멸정업진언地藏菩薩 滅定業眞言(옴 바라

마니다니 사바하)'이 가능하다. '정해진 업을 없애는 진언'이라는 뜻이다. 정해진 업을 바꿀 수 없다면, 이 진언은 성립할 수 없다. 그리고 『지장경』등 경전 곳곳에는 지난 업으로부터 벗어나는 여러 가지 방편과 일화가 있다.

옛날 어떤 도인이 (어린 출가자인) 한 사미를 두고 있었다. 그는 사미가 7일 뒤에 죽을 것을 알았다. (죽기 전에 가족을 보게 하고자) 집에 돌려보내면서 7일이 지나면 돌아오라고 분부했다.
사미는 스승에게 인사하고 집으로 향했다. 도중에 물을 따라 떠내려가는 개미를 보았다. (그대로 두면 개미는) 곧 죽게 되었다. 사미는 자비심이 생겨 가사를 벗어 거기에 흙을 담아 물을 막았다. 그리고 개미를 집어 마른 땅에 올려놓았다. 개미들은 모두 살게 되었다.
사미는 7일이 지나서 스승에게로 돌아왔다. 스승은 이상히 여겼다. 선정에 들어 천안天眼으로 관찰했다. 그리고 알게 되었다. 사미는 다른 복이 없는데, 개미를 구제한 인연으로 7일 안에 죽지 않고 수명이 연장되었다는 것을.

『잡보장경』 제4권

스승이 보기에는 사미는 틀림없이 7일 안에 죽게 되는 운명이었다. 그러나 무심코 행한 선한 행위는 운명을 새로운 방향으로 나아가게 했다. 이처럼 우리의 운명은 결정된 것이 아니라 새로운 행위(업)로 새롭게 영향을 주고받는다. 운명이 결정되었다면, 정진할 필요도 없고, 참회할 필요도 없다. 정진과 참회와 상관없이 정해진 운명은 일어나야 하기 때문이다.

마음은 인도어로 '치타citta'다. 이는 적집積集이라는 뜻이다. 지은 업이 사라지지 않고 쌓인다는 의미다. 대승불교에서는 업이 마음이라는 창고에 종자種子의 형태로 쌓인다고 한다. 종자라는 표현은 참으로 의미 있다.

종자는 씨앗이다. 창고에 있는 씨앗이 반드시 싹이 트는 것은 아니다. 창고에서 꺼내어 밭에 심어야 한다. 심었다 하더라도 물, 비료 등을 주며 잘 가꾸어야 한다. 업의 종자도 마찬가지다. 업의 종자를 꺼내고, 자라는 조건을 제공해야 한다.

앞 게송에서 '업은 인과 연이 마주칠 때 과보를 받게 된다.'고 했다. 이때 인因은 직접 원인이다. 종자를 말한다. 연緣은 간접 조건이다. 업이 자라는 조건이다. 조건이 갖춰지지 않으면, 업의 종자는 드러날 수 없다. 드러나더라도 자라게 하는 조건이 없으면 결과는 신통치 않다. 만약 착한 업의 종자라면 드러나서 잘 자라게 하는 조건을 만든다. 만약 악한 업의 종자라면 최대한 드러나지 않게 하고, 이미 드러났다면 최소한의 결과가 되는 조건을 만든다. 그렇게 하는 방법이 보시, 참회, 염불, 독송, 예배, 찬탄, 회향 등등이다.

우리는 이전의 행위들로 현재 이러한 모습을 갖췄다. 그러나 과거의 행위에 지금의 행위가 어우러져 미래는 새로운 행위로 이어진다. 지금 나의 행위로 정해진 업을 바꿀 수 있다. 물론 힘든 측면이 있으므로 우리의 노력과 불보살님의 가피가 필요하다.

11

나의 선행이
다른 사람의 업에
영향을 미친다

어느 스님의 누이가 스님이 거처하는 절에 왔다. 누이는 스님의 누이라는 이유로 빈둥빈둥 지내기만 했다.

어느 날 스님이 누이에게 물었다.

"누이는 왜 기도를 하지 않고 그렇게 저렇게 지내십니까?"

누이는 대답했다.

"아니, 내 동생이 스님인데, 잘 알아서 나를 위해 기도해주지 않겠습니까."

스님은 아무 말 없이 그냥 자리를 피해버렸다.

그런데 공양 시간이 되었는데도 스님은 누이를 부르지 않았다. 공양 시간이 지나고 누이가 스님에게 왜 공양을 주지 않느냐고 하자 스님은 말했다.

"아니, 누이, 제가 공양을 한 것이 누이가 먹은 것이나 다름없지 않습니까?"

　사찰에 전해지는 이야기다. 고려 말 나옹 스님의 이야기라 한다.
　자업자득, 자기가 지은 업의 결과는 자기가 받는다는 말이다. 어떤 이는 소승불교에서 자기중심 수행을 하는 이유가 자업자득이라는 가르침에 근거한다고 한다. 자기가 지은 업은 자기가 받는 것이니, 수행 또한 마찬가지다. 자기 수행은 자기가 하는 것이니, 남이 해주는 것이 아니라는 말이다.
　만약 그렇다면 남을 위해 기도한다는 의미는 어떻게 되는가. 『지장경』 제6품 「여래찬탄품」에는 이런 내용이 있다.
　'아픈 사람이 있는 경우, 불보살님 형상 앞에서 소리를 높여 『지장경』을 한 번 읽고, 그 환자의 재물을 삼보에 보시하며, 보시한 내용을 그 환자에게 세 번 말해 알아듣게 한다. 1일 내지 7일 동안 소리 높여 이 일을 말해주고, 소리 높여 경을 읽어주면, 이 사람은 무거운 죄가 있더라도 영원히 해탈을 얻고 다시 태어나는 곳마다 과거 생을 알게 된다.'

　『지장경』뿐만 아니라 여러 경전에 이런 내용이 있다. 그리고 스님들은 "자기를 위해 기도하지 말고, 남을 위해 기도합시다."라고 법문한다. 자업자득이라면 의미 없는 법문이다. 앞의 일화나 자업자

▲ 속초 신흥사 명부전의 지장보살상. 양쪽에 무독귀왕상(좌)과 도명존자상(우)이 있다.

득이라는 말을 너무 치우쳐 생각하면, 자기만의 수행으로 귀결하기 쉽다.

부처님의 가르침은 방편 교설이다. 말씀 그 자체가 모든 내용을 담보하지 않는다. 사람의 근기(수준, 상황)에 맞게 교화하기 위해 말씀하신다. 그렇다고 하여 아무런 중심 없이 이 사람에게 이렇게 말씀하시고, 저 사람에게 저렇게 말씀하시지는 않는다. 따라서 어떠한 관점에서 하신 말씀인지를 파악하는 것이 중요하다.

인과 연이 합하여 과가 생긴다. 자신의 수행이 직접 원인인 인이라면, 주변의 도움은 간접 조건인 연이다. 인도 중요하지만, 연도 중요하다.

자업자득이라는 말은 자신이 주체라는 말이지, 자신만을 챙기라는 가르침은 아니다. 스스로 주체가 되어 공덕을 쌓아야 함을 강조한다. 남의 도움이 필요 없다는 말이 아니다.

아무것도 모르는 중생이나, 여력이 없어서 도움이 필요한 중생에게는 주변의 도움이 중요하다. 마음은 간절하지만, 자신의 능력으로는 벅차다. 그래서 '누가 도움을 준다면 얼마나 좋을까.'라고 생각하고 있을 때, 알게 모르게 도움이 다가와 힘이 된다면, 그는 새로운 선업을 쌓을 수 있다. 그로 인해 지난 악업의 결과를 바꾸거나 없앨수 있다.

12

죽은 자를
위한
기도 공덕

지장보살이 부처님께 말씀드렸다.

"…세존이시여, 악을 익힌 중생은 가는 털 정도로 시작하여 한량없는 죄에 이릅니다. 모든 중생은 이와 같은 습관이 있습니다. 그러므로 목숨이 마칠 때에는 남녀 권속이 그를 위해 복을 베풀어서 앞길을 도와야 합니다. 혹은 깃발과 일산을 걸고, 혹은 등불을 밝히고, 혹은 경전을 독송하고, 혹은 부처님 형상과 여러 성인의 형상에 공양합니다. 나아가 불보살님과 벽지불의 명호를 하나하나 불러서 목숨을 마치는 사람의 귀에 스치게 하거나 마음(본식本識)에 있게 합니다. 모든 중생이 지은 악업으로는 마땅히 악취에 떨어지겠지만, 권속이 임종하는 사람을 위하여 이러한 거룩한 인연을 닦음으로써 이러한 많은 죄가 모두 소멸합니다.

　만약 그의 몸이 죽은 후에 49일 안에 다시 여러 가지 좋은 일을 지어주면, 그 중생은 영원히 악취에서 벗어나며, 인간이나 하늘에 태어나 매우 묘한 즐거움을 누립니다. 현재 권속의 이익도 헤아릴 수 없습니다."

『지장경』제7품「이익존망품」

49재의 근거가 되는 경전 내용이다. 그런데 이와 상반되는 듯한 내용으로 너무도 자주 인용되는 경전 말씀이 있다. 바로『중아함경』제3권 17경의 말씀으로, 요약하면 이렇다.

'물에 빠진 돌을 기도로 떠오르게 할 수 없는 것처럼, 악한 일을 한 사람이 죽은 뒤에 그를 위해 다른 사람이 모여 기도를 해도 하늘나라로 가지 못하고, 물에 뜬 기름을 기도로 물속으로 가라앉게 하지 못하는 것처럼, 착한 일을 한 사람이 죽은 뒤에 지옥에 가도록 사람들이 기도해도 갈 이유가 없다.'

『지장경』에는 권속이 지은 거룩한 인연으로 망자의 많은 죄가 소멸한다고 한다. 그런데『중아함경』에는 다른 사람의 기도로써 망자가 갈 곳을 바꿀 수 없다고 한다. 그렇다면, 이 두 경전의 말씀을 어떻게 이해해야 할 것인가.

이는 바로 앞「나의 선행이 다른 사람 업에 영향을 미친다」에서 다룬 주제와 같다. 상황이 달라 단순 대비가 부처님 말씀을 왜곡할 소지도 있지만, 두 경전을 조심스럽게 살펴보자. 우선 '살아 있는 사람의 기도로 죽은 사람을 천도할 수 있는가?'에 대해 『지장경』은 '있다' 하고, 『중아함경』은 '없다' 한다.

그런데 두 경전의 말씀을 이렇게 이해할 수 있다. 『중아함경』의 중심 내용은 '살아 있는 사람의 기도로 죽은 사람을 천도할 수 없다.'에 있다기보다는 '자업자득', 즉 '자기가 지은 업은 자기가 받는다.'에 있다. 『지장경』의 중심 내용은 '살아 있는 사람의 기도로 죽은 사람을 천도할 수 있다.'를 포함하여 남을 위한 자비심과 마음의 간절함에 있다.

간절함에는 기도하는 자(또는 산 자)와 기도가 필요한 자(죽은 자) 모두의 간절함을 아울러 이야기한다. 이렇게 생각할 수도 있다. '기도하는 자의 기도로 그냥 천도했다.'가 아니라 '기도하는 자의 기도 힘이 계기가 되어 망자의 마음이 움직여 천도했다.' 또는 '망자가 마음을 움직이고자 했으나 힘이 미약했는데, 기도하는 자의 힘으로 불보살의 가피를 받아 마음을 움직였다.' 이렇게 이해한다면, '자업자득'의 내용과 크게 어긋나지 않는다.

불보살님이 다가가더라도 중생이 불보살님에게 다가오지 않으면 구제하기 힘들듯이, 상대방이 전혀 마음이 없으면 기도 공덕은 전해지기 힘들다. 불보살님이 자비심으로 중생에게 다가가듯이, 기도하는 자 또한 자비심으로 끊임없이 남을 위해 기도해야 한다.

그 공덕은 상대방에게도 가지만 자신에게도 헤아릴 수 없는 공덕이 온다. 망자를 위한 기도뿐만 아니라 다른 이를 위한 모든 기도가 그렇다.

"염부제 중생이 만약 부모, 나아가 권속을 위해 목숨을 마친 뒤에 지극한 마음으로 재를 베풀어 공양하면, 이와 같은 사람은 죽은 사람도 산 사람도 모두 함께 이익을 얻게 됩니다."

『지장경』 제7품 「이익존망품」

13

살아생전
자신의 49재를
지내다

"만일 남자나 여인이 세상에서 착한 인연을 닦지 아니하고
여러 가지 죄를 지었는데, 목숨이 마친 뒤에 여러 권속이 그
를 위하여 복된 이익을 지으면, 칠분 공덕 가운데 일분 공덕
은 망인이 얻고, 육분 공덕은 산 사람의 이익이 됩니다. 그러
므로 현재 미래세의 선남자 선여인이 이 말을 잘 듣고 스스로
닦으면, 그 공덕을 온전히 얻게 됩니다."

『지장경』 제7품 「이익존망품」

죽은 후 49일 안에 여러 좋은 일을 지어주면, 망자는 인간이나 천
상에 태어날 수 있으며, 현재의 권속도 이익이 한량없다. 그런데 그
공덕의 1/7은 죽은 자에게 가고, 6/7은 기도한 자에게 간다. 만약 스

스로 복을 지으면 모든 공덕을 온전히 얻는다.

이 경전 말씀을 재齋 지내는 한 근거로 사용한다. 재 지낸 공덕으로 조상이 좋은 곳으로 갔으면 하는 마음을 담아 재를 지낸다.

여기서 재라는 의미를 살펴보자. 일반적으로 사용하는 제祭는 귀신이나 신에게 음식을 올리는 의미가 강하다. 반면에 불교에서 사용하는 재는 부정한 것을 멀리하고 부처님과 대중들에게 공양을 올리는 불공佛供의 의미다. 이러한 공양의 공덕으로 복을 짓게 되고, 또한 그 공덕으로 조상을 천도한다.

그런데 경전 내용은 망자를 위해 재를 지내라는 의미보다는 스스로 살아 있을 때 열심히 복을 지으라는 말씀에 가깝다. 즉, 죽어서 후손이 공덕을 짓더라도 1/7밖에 이익이 되지 않으니 스스로 생전에 복을 지으라는 말씀이다. 이러한 의미에서 '생전예수재生前預修齋'가 있다.

생전예수재는 말 그대로 살아생전에 미리 수행과 공덕을 닦아두는 재다. 속설에는 자신의 49재를 미리 지낸다고 한다. 그래서 다른 말로는 역수逆修라 한다.

생전예수재는 윤달에 지낸다. 따라서 2~3년 간격으로 지낸다. 윤달은 '여벌달', '공달', '덤달'이다. 보통 달과는 달리 걸릴 것이 없는 달이고 탈이 없는 달이다. 속담에는 송장을 거꾸로 세워도 탈이 없다고 할 만큼 탈이 없는 달이다. 이처럼 탈이 없고 복만 있는 '덤달' 윤달이기 때문에 현세의 복만이 아닌 내세의 복을 지성껏 닦는 생전예수재를 지내기에도 가장 좋은 때라고 전해 내려온다.

생전예수재에 동참하게 되면, 사찰에서는 동참자의 이름 등을 기록한 서류를 작성한다. 그리고 그 서류를 다라니 등과 함께 종이 상자에 넣어 불단에 올린다. 서류에는 태어난 육십갑자별로 각각 빚진 돈과 읽어야 할 경전의 권수 등이 적혀 있다. 이 서류는 빚을 갚고 경전을 읽었다는 증명서다.

그렇다면, 생전예수재 동참은 무엇을 바라는 것이 아니라 빚을 갚는 행위다. 우리는 많은 이들의 희생과 은혜로 살아간다. 살아가는 것 자체가 빚이다. 우리는 엄청난 빚을 지고 있다. 부모의 은혜, 중생의 은혜, 스승의 은혜, 삼보의 은혜, 그 외 모든 은혜에 감사하며 보은해야 한다. 모두 감사하고 감사하다. 생전예수재 서류의 '빚'이라는 말이 그것을 깨우쳐준다.

그런데 생전예수재를 잘못 이해하면, 이러한 서류는 중세 시대의 면죄부와 다를 것이 없다. 중세 시대의 면죄부는 돈만 내면 무슨 잘못을 저질러도 용서받을 수 있다고 하여 비판을 받았다. 말 그대로 미리 닦는다는 의미가 생전예수재이니, 재 지내는 동안 자신의 잘못을 참회하고 이웃을 돌아보며 정성스러운 마음으로 기도 발원하는 것이 중요하다. 더 나아가 생전예수재를 계기로 일상에서 그 마음과 실천을 이어간다.

윤달이 있는 해에 절에서 기도 접수하는 것으로 끝나는 것이 아니라 늘 생활 속에서 이웃과 함께하는 모습이, 참으로 생전에 미리 그 복을 닦는 참의미의 생전예수재다. 망자에게 한두 번 올리는 재로 끝나는 것이 아니라 재 지내는 마음으로 모든 이를 항상 섬기고 나누는 삶이, 생활 속의 참된 천도재다.

그리고 무엇보다 모든 수행과 기도는 일상생활에서 자연스럽게 스며들도록 정진한다.

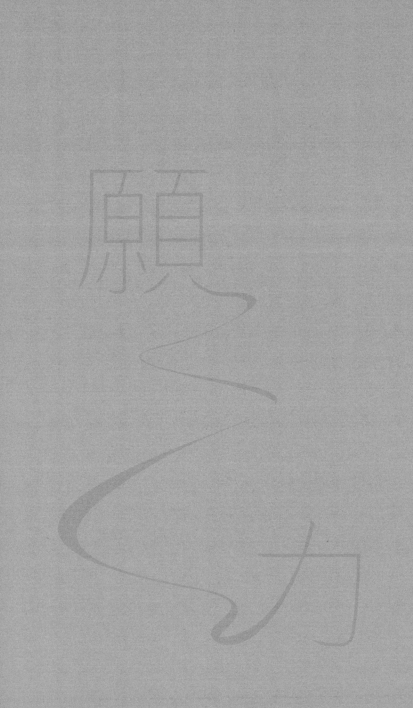

제 5 장

지장보살의 가피를 위한 실천 수행

01

중생의 간절함과
지장보살의 원력이
함께하다

지장보살의 공덕은 중생에게 그냥 오지 않는다. 지장보살의 가피를 바라는 마음과 지장보살에게 다가가는 실천이 필요하다. 불보살님의 모든 공덕이 그렇다.

불보살님께서 자비의 마음으로 중생에게 공덕을 베푸는 것을 가피라고 한다. 이때 중생은 불보살님의 가피를 받았다고 한다. 또한 가피를 감응感應이라고 한다. 그런데 감응이라는 말에는 불보살님의 공덕과 기도 정진 과정이 함께 담겨 있다.

감응은 신앙하는 마음이 불보살님께 통한다는 뜻이다. 이는 한 방향이 아니라 쌍방향이다. '감感'이란 '불러들인다'는 뜻으로 중생이 불보살님에게 다가가는 의미고, '응應'이란 불보살님께서 이에 응하여 다가오는 의미다. 연못물이 맑아진 만큼(感) 달이 비치는 것

(應)처럼, 중생이 부딪쳐온 만큼(感) 불보살님께서 응해주신다(應). 따라서 감응은 중생의 다가감(感)과 불보살의 응해주심(應)이 서로 통하여 하나가 된다는 뜻이다.

지장보살이 모든 중생을 제도하기 전에는 자신은 성불하지 않겠다고 발원하고, 여러 방편으로 중생들에게 다가가 설법 교화하여 제도한다. 그렇지만 설법을 들은 후이든, 설법을 듣기 전이든 중생은 지장보살의 가피력을 믿고 구해야 한다. 오지 않은 중생에게 지장보살의 가피는 미칠 수 없다. 어쩌면 지장보살은 그런 중생이 있을지라도 포기하지 않고 제도하고자 노력하겠지만, 결국은 중생이 작은 마음이라도 내야 한다.

그러므로 『지장경』에는 '지장보살의 이름을 듣고서 합장, 찬탄, 예경, 생각한다면', '지장보살의 형상을 그리거나, 보살상을 만들어서 한 번 쳐다보거나 한 번 절한다면', 『지장경』의 한 글자라도 듣거나 하며' 등 지장보살에게 다가가는 실천을 조건으로 삼는다. 그리하여 그렇게 지은 작은 선행이라도 있으면, 지장보살의 가피를 받는다.

> "불법 가운데 짓는 착한 일이라면, 한 털, 한 방울 물, 한 모래알, 한 티끌, 가는 머리털만큼 작은 것이라 하더라도 제가 점점 제도하여 큰 이익을 얻게 하겠습니다."
>
> 『지장경』 제2품 「분신집회품」

한편, 『지장경』에는 지장보살뿐만 아니라 부처님에 대한 공덕도
언급한다.

"만약 어떤 남자나 여인이 이 부처님의 명호를 듣고 잠깐이
라도 공경심을 내게 되면, 곧 40겁의 생사의 무거운 죄를 뛰
어넘게 되는데, 하물며 형상을 조성하거나 그리며 공양 찬탄
한다면, 그 사람이 얻는 복은 무량무변하다."

『지장경』 제9품 「칭불명호품」

02

지장보살과
인연
맺기

관세음보살이 어떤 분인지는 잘 몰라도 그 명호는 일반인도 대부분 안다. '나무아미타불 관세음보살'이라는 구절이 너무도 유명하기 때문이다.

지장보살은? 개인적인 생각으로는 일반인에게 그렇게 널리 알려진 보살은 아닌 듯하다. 물론 그분의 발원이 위대하기에 '지옥중생을 제도하기 전에는 성불하지 않겠다.'는 발원과 함께 지장보살을 아는 분도 있다.

한편, 지장보살에 대한 오해도 있다. 지장보살이라고 하면, 내세신앙으로만 알고 있는 불교 신도가 많다. 그것은 사찰에서 조상 천도 등의 법회에 지장보살이 많이 등장하기 때문이다.

그러나 지장보살은 내세뿐만 아니라 현세의 이익도 중생들에게 응해준다. 이러한 내용은 3장 「지장보살의 공덕」 부분에서 자세히 살펴보았다. 그러므로 이 책 시작부터 이런 농을 했다. "삶에 지장이 많으면 지장보살을 찾으라고. 그리고 지장보살을 친견하고 꼭 본인의 발원을 종이에 적은 뒤 지장보살의 지장을 받으라고."

따라서 지장보살의 가피를 받고자 한다면, 지장보살을 잘 모르는 이들은 지장보살과 인연을 맺는 것이 우선 중요하다. 그리고 지장보살에 대한 한쪽 정보만 알고 있는 이들은 좀 더 폭넓게 지장보살을 알게 되었으면 한다. 그러면 지장보살과 인연이 더욱 깊어지기 때문이다.

이처럼 지장보살의 인연이 중요하기 때문에 『지장경』에 이런 내용이 있다.

> "만약 미래와 현재 모든 세계 가운데 육도중생이 목숨을 마치려 할 때, 지장보살의 명호를 들어 한 소리라도 귓가에 스치면, 이 모든 중생은 영원히 삼악도의 고통을 겪지 않게 된다."
>
> 「지장경」 제12품 「견문이익품」

이러한 내용을 어떻게 볼 것인가. 지장보살의 명호가 한 번이라도 귓가에 스치면 영원히 삼악도의 과보를 면한다? 단순하게 스치는 것이 아니다. 그 이전에 벌써 지장보살에 대한 마음이 움터 있는 상태다.

중생은 전혀 생각이 없는데도 단순하게 지장보살의 명호가 한 번 스치는 것만으로 삼악도를 벗어난다고 한다면, 지장보살의 원력이 대단하다고 말하거나 중생 제도가 힘들다고 말할 이유가 없다. 그냥 지장보살이 여기저기 분신을 보내어 '지장보살' 이름만 중생에게 들려주면 될 일이기 때문이다.

한번 스치는 것만으로도 이익이 있다는 말은, 그전에 불보살님에 대한 그리움이 있었다거나, 혹은 이번 일을 계기로 지장보살과 인연을 맺기 시작한다는 의미다. 그리하여 작은 선행을 시작으로 지장보살의 위신력에 의해 더욱 큰 공덕을 쌓아 마침내 삼악도를 벗어나게 된다.

어떠한 불보살님도 중생이 다가오지 않으면, 불보살님은 감응하기 힘들다. 귀와 눈을 막고 돌아앉아 있는 이에게 어떻게 자비의 광명과 지혜의 말씀을 전하겠는가.

지장보살의 명호가 한번 귓가에 스치거나 한다는 말은, 지장보살을 향해 이미 귀와 눈을 열고 있었다는 말이다. 그리하여 지금 지장보살의 명호를 듣고서 인연은 본격적으로 시작된다.

03

중생과
인연 맺고자 하는
지장보살

모든 불보살님은 중생이 다가오지 않더라도 끊임없이 자비와 방편으로 중생과 인연을 맺고자 하신다.

부처님을 뵙거나 부처님 가르침을 듣거나 도를 얻고자 하는 마음을 내기 어려운 여덟 가지 경우가 있다. 이를 팔난八難이라고 한다.

첫째, 둘째, 셋째는 각각 지옥, 아귀, 축생이다. 이들은 고통이 심해 부처님을 뵙거나 부처님 가르침을 듣고자 하는 마음을 일으키기 힘들다.

넷째는 목숨이 긴 하늘중생(장수천)이다. 하늘중생들은 수명이 길고 편안하여 굳이 도를 구하고자 하는 마음을 내지 않는다.

다섯째는 북구로주에 사는 경우다. 경전에 의하면, 세상은 수미산을 중심으로 여덟 개 바다와 여덟 개의 산이 나이테 모양으로 둘러싸고 있는데, 마지막 바다에 동남서북 각각 하나의 대륙이 있다. 우리가 사는 대륙이 남섬부주라고 한다면 북쪽에 있는 대륙이 북구로주다. 이 북구로주가 네 대륙 가운데 가장 수명도 길고 살기 좋은 곳이다. 따라서 북구로주에 사는 중생들은 그 생활에 빠져 수행하고자 하는 마음을 내기 어렵다.

여섯째는 눈이 멀고 귀가 먹고 말을 못 하고 알아듣지 못하기 때문에 부처님을 뵙거나 가르침을 듣기 힘든 경우다.

일곱째는 세속의 지식이 너무 많은 경우다. 너무 많이 알아서 그릇된 견해에 빠져 바른 가르침을 받아들이려고 하지 않는다.

여덟째는 부처님이 계시지 않을 때다.

이렇듯 어떤 중생은 괴로워서, 어떤 중생은 그 삶에 취해서, 어떤 중생은 장애가 있어서, 어떤 중생은 너무 잘나서, 어떤 중생은 부처님이 계시지 않아서 부처님과 부처님 가르침을 만나기 어렵다. 그런데 생각해보면, 주어진 환경에 빠져서 만나기가 어렵지 만날 수 없지는 않다.

부처님을 보통 삼계도사三界導師라고 한다. 삼계는 욕계, 색계, 무색계다. 욕계에는 지옥, 아귀, 축생, 아수라, 인간, 하늘이 있다. 색계와 무색계는 하늘이다. 따라서 부처님은 지옥, 아귀, 축생, 아수라, 인간, 하늘 등 육도중생의 스승이다. 그렇다면 지옥, 아귀, 축생 등의 중생은 부처님과 부처님 가르침을 만나기가 어려울 뿐이지 결코 만날 수 없지는 않다. 만날 수 없다면 부처님을 그들의 스승이라

할 수 없기 때문이다.

　모든 불보살님은 모든 중생을 제도하겠다는 원을 세웠다. 불보살님의 공통된 서원인 사홍서원 가운데 '중생을 다 건지오리라.'라는 서원이 있지 않은가. 어찌 한 중생이라도 빠뜨리겠는가.

　지장보살 또한 육도중생을 모두 제도하겠다는 원을 세웠다. 지장보살은 부처님이 계시지 않는 때에 부처님을 대신하여 다양한 방편으로 중생들에게 다가가고 있다. 지장보살은 중생과 인연을 맺고자 수많은 방편으로 신호를 보내고 있다. 중생이 지장보살의 가피를 구하고자 하고, 지장보살의 신호를 알아차릴 때, 중생과 지장보살의 인연은 시작된다.

04

지장보살의
가피를 받는
방법

『지장경』 제6품 「여래찬탄품」과 제12품 「견문이익품」에는 중생들이 지장보살과 인연을 맺고 가피를 받는 여러 경우를 언급한다.

우선 「여래찬탄품」에서는 석가모니부처님께서 보광보살에게 지장보살의 원력을 찬탄하며 여러 이익을 말씀하신다. 즉, 중생들이 어떻게 지장보살의 가피를 받게 되는지를 다양한 사례를 들며 언급한다. 그 내용을 일부 정리하면 이렇다.

• 지장보살의 명호를 듣고 합장하고 찬탄하고 절하고 간절하게 그리워한다면, 30겁 동안 지은 죄를 뛰어넘는다.

• 지장보살의 형상을 그리거나 만들어 모시고 한 번이라도 우러러보거나 절하면, 백번이나 도리천에 나서 길이 악도에 떨어지지 않는

다. 설사 하늘 복이 다하여 인간으로 태어나더라도 국왕이 되어 큰 이익을 본다.

• 지장보살의 형상 앞에 꽃, 향, 음식, 비단, 깃발, 보배 등을 공양하면, 여자 몸을 싫어하는 여인은 백천만 겁에 여인이 있는 세계에 다시 태어나지 않고, 또한 여자 몸을 다시 받지 않는다.

• 지장보살의 형상 앞에 지극한 마음으로 밥 한 끼 먹을 동안이라도 우러러 절하면, 천만 겁을 지나도록 몸의 모습이 원만하고 모든 질병이 없다. 또한 귀한 집안의 딸로 태어나 몸의 모습이 원만하다.

• 지장보살의 형상 앞에 악기로 연주하고 노래를 불러 찬탄하고 향과 꽃으로 공양하거나, 한 사람이나 많은 사람에게 권하면, 현재나 미래에 백천의 신들이 보호하여 횡액을 받지 않는다.

• 아픈 사람이 있는 경우, 불보살님 형상 앞에서 소리를 높여 『지장경』을 한 번 읽고, 그 환자의 재물을 삼보에 보시하며, 보시한 내용을 그 환자에게 세 번 말해 알아듣게 한다. 1일 내지 7일 동안 소리 높여 이 일을 말해주고, 소리 높여 경을 읽어주면, 이 사람은 무거운 죄가 있더라도 영원히 해탈을 얻고 다시 태어나는 곳마다 과거 생을 안다.

• 『지장경』을 쓰거나, 혹은 보살 형상을 조성하거나 그림으로 그리거나, 혹은 사람을 시켜서 하게 하면, 반드시 큰 이로움을 얻는다.

• 지장보살의 이름을 듣거나 보살의 형상을 보거나 『지장경』의 세 글자, 다섯 글자, 한 게송, 한 구절이라도 듣는다면, 현재에는 뛰어나

고 묘한 안락을 얻고, 미래에는 백천만 생 동안 항상 단정함을 얻어 존귀한 집에 난다.

또한 「견문이익품」에서는 석가모니부처님께서 관세음보살에게 지장보살의 이익을 말씀하신다. 품의 이름처럼, 지장보살을 보고 듣는 이익에 대한 말씀이다. 즉, 지장보살을 직접 보거나, 지장보살 형상을 그리거나 만들어서 남에게 보게 하거나, 지장보살에 대해서 듣거나, 지장보살 명호를 불러서 남에게 듣게 한다면, 헤아릴 수 없는 공덕이 있다.

지장보살의 가피를 받는 방법은 여러 가지다. 지장보살 명호를 부르거나 듣고, 지장보살 형상을 그리거나 만들고, 지장보살 형상을 우러러보며 절하고, 삼보에 여러 물건을 보시 공양하고, 『지장경』을 쓰거나 읽거나 듣는 등이다. 그리고 스스로 하거나 다른 사람에게 권하거나 또는 그렇게 하는 사람을 찬탄하여 더욱 권하고 물러나지 않게 하는 것 등은 모두 헤아릴 수 없는 지장보살의 가피를 받는 방법이다.

이 모든 방법은 지장보살의 원력으로 중생들에게 인연을 맺게 하고자 하는 방편이며, 중생이 실제 생활에서 할 수 있는 실천 방법이다. 바로 염불, 불상 조성, 예배, 공양, 독송, 찬탄, 권선 등이다.

05

지장보살의
명호를 듣고
존상을 보다

지장보살의 인연은 지장보살의 명호를 듣거나 지장보살의 형상을 보는 것으로 시작한다. 불보살님의 존재 자체를 모르는데 어떻게 인연을 맺을 수 있겠는가. 도움이 필요할 때 어느 누군가가 도움이 된다는 이야기를 듣고, 그 누군가를 알게 되면 인연은 시작된다.

혹은 그 누군가의 이름을 먼저 들어 알기도 하고, 혹은 그의 형상이나 행적을 먼저 알고 나서 그 이름을 알기도 한다. 여하튼 그 누군가의 존재는 이름을 통해 명확하게 각인된다.

지장보살의 명호를 들었다는 것은 지장보살의 위신력을 함께 알게 되었다는 말이기도 하다. 그냥 스쳐 지나갈 수 있는 형상이고 이름일 수 있는데, 간절함에 그 형상이 눈에 들어오고 그 이름이 귀에 맴돌아 가슴에 남는다. 그렇게 지장보살과의 인연은 시작된다.

"(하늘중생이 하늘의 복이 다하고 악도에 떨어지게 될 때) 지장보살의 형상을 한 번 보거나 지장보살의 이름을 한 번 듣고서 한 번 우러러보고 한 번 절하기만 해도, 모든 하늘중생은 하늘 복이 더욱 늘어나고 큰 즐거움을 받고 영원히 삼악도의 과보를 받지 않는다."

『지장경』 제12품 「견문이익품」

지장보살의 명호를 듣는다는 것은 참으로 중요하다. 이때 듣는다는 말에는 본다는 의미도 포함한다. 문훈습聞熏習이라는 말이 있다. 훈습은 향을 싼 종이는 향냄새가 나고, 고기를 싼 종이는 고기 냄새가 나듯이, 모든 행위(업)가 마음에 스며들어 저장되는 것을 말한다. 따라서 보고 들은 대상은 그냥 사라지지 않고 마음에 저장된다. 보고 듣기를 반복하면 그 내용은 더욱 강하게 마음에 남는다. 자꾸 들은 이야기는 언제든지 술술 나오고, 어쩌다가 한 번 들은 이야기는 쉽게 떠오르지 않는 것과 같다.

처음 지장보살의 형상을 보고 지장보살의 명호를 들은 기운은 하나의 씨앗이 되어 마음에 남는다. 자주 듣고 자주 보면 그 씨앗은 강력한 힘을 가지게 되어, 언제 어디서나 자연스럽게 명호가 나오고 형상이 떠오른다. 그러는 가운데 지장보살의 가피가 함께한다.

한편, 지혜를 얻는 세 가지 경우가 있다. 이를 문사수聞思修라고 한다. 들어서 얻는 지혜를 문혜, 생각하여 얻는 지혜를 사혜, 닦아

▲ 부산 삼광사 지장전의 지장보살상

서 얻는 지혜를 수혜라고 한다. 듣고 나서 깊이 사유하고 실천 수행
하여 지혜를 얻는다. 일단 무엇보다 많이 들어야 한다. 많이 듣고
많이 보다 보면, 그에 따른 지혜가 생긴다. 그리고 사혜와 수혜로
이어진다. 따라서 듣는 것이 중요하다.

06

지장보살의 형상을
그리거나
조성하다

지장보살의 명호를 한 번 듣거나 존상을 한 번 보더라도 그 공덕은 너무도 뛰어나다. 그렇다면, 그 명호를 외우거나 그 형상을 조성하는 사람의 공덕은 어떠하겠는가. 지장보살의 명호를 부를 때 얼마나 많은 중생이 들을 것인가. 지장보살의 형상을 그리거나 조성하면 얼마나 많은 중생이 보겠는가. 많은 중생에게 공덕을 짓게 했으니, 중생에게 공덕을 짓게 한 공덕이야말로 헤아릴 수 없으리라.

"지장보살의 형상을 조성하거나 그림으로 그리거나, 혹은 사람을 시켜서 하게 하면, 그들이 받는 과보는 반드시 큰 이로움을 얻는다."

『지장경』 제6품 「여래찬탄품」

따라서 오늘날 불상 조성 불사 동참은 자신도 공덕을 짓는 일이자 다른 사람도 함께 공덕을 짓게 하는 일이다. 여기서는 불상 조성 불사만 언급했지만, 『지장경』 제10품 「교량보시공덕연품」에서는 불상뿐만 아니라 탑이나 절을 새로 짓거나 보수하는 데 참여하는 공덕 또한 헤아릴 수 없고 가없다고 한다. 이 모든 불사가 자신을 위한 불사이자 다른 이를 위한 불사이기 때문이다.

간혹 집안에 불상을 모시면 좋지 않다고 생각하는 이들이 있다. 그것은 불상을 제대로 모시지 못할까 하는 염려 때문인 듯하다. 그러나 필자가 본 경전 어디에도 집안에 불상을 모시지 말라는 내용은 없었다. 『법화경』에서는 어린아이가 장난삼아 모래 위에 부처님상을 그려도 공덕이 있다고 했다. 집안에 불상을 모셔두면, 비록 불상을 제대로 모시지 못하더라도 한 번이라도 불상을 보며 예를 올리게 된다. 『지장경』에 의하면, 그 공덕으로 삼악도를 면한다고 했다.

불보살님에 대한 그리움과 존경심, 그리고 간절한 신앙의 염원에서 불상을 모신다. 간혹 우상이라고 비판하는 이들이 있다. 그러나 모든 것에는 형식과 내용이 함께 간다. 특히 마음공부를 하는 신행에서는 더욱 그러하다. 마음은 보이지 않는다. '보이지 않는 마음을 닦아라.' 하거나 '네 마음속의 부처님을 찾아라.' 하면 초심자들에게는 뜬구름 잡는 것이나 다름없다. 따라서 내용을 채우기 위한 형식이 필요하다. 보이지 않는 마음을 다스리기 위해서 보이는 무엇이 필요하다. 어머님이 하늘에 뜬 달을 보며 절을 하거나, 장독대 위에 정화수를 놓고 비는 것처럼 말이다.

무엇인가 간절하게 원하는 이에게는 바로 앞에 있는 불보살님 형상이 그 순간에는 불보살님이다. 그 간절함 속에 기도하는 동안, 점점 불보살님 형상을 통해 하염없이 자신을 낮추어가고, 결국 내 마음의 부처님으로 향하여 마음을 다스리게 된다. 이때 불상은 우상이 아니라 바른길을 찾아가게 하는 부처님의 자비로운 가르침이자 불보살님의 화현이다. 우상이란 그 불상 자체에 있는 것이 아니다.

여타의 경전을 보면, 부처님 형상을 모신 공덕으로 차츰차츰 공덕을 쌓아 대비심을 갖추어 깨달음을 얻게 된다고 한다. 부처님 형상을 조성한 공덕이 근거가 되어 이후 수행 정진한 결과 깨달음을 얻게 된다는 뜻이다.

07

지장보살의
명호를
부르다

지장보살의 명호를 부르는 행위는 역시 자신을 위한 공덕이자, 다른 사람을 위한 공덕이다.

『지장경』에는 다양한 부처님의 명호에 대한 공덕을 지장보살이 부처님께 말씀드린다.

그 가운데 이러한 내용이 있다.

"…만약 어떤 남자나 여인이 (무변신)부처님의 명호를 듣고 잠깐이라도 공경심을 내게 되면, 곧 40겁의 생사의 무거운 죄를 뛰어넘습니다. … 만약 어떤 남자나 여인이 (파두마승)부처님의 명호를 듣고 귓가에 스치기만 해도 이 사람은 1000번이나 육욕천 가운데 태어남을 얻는데, 하물며 지극한 마음으로 이름을 부르는 사람은 어떠하겠습니까….”

『지장경』 제9품 「칭불명호품」

불보살님의 명호를 한 번이라도 들으면 큰 공덕이 있다. 하물며 불보살님의 명호를 불러 여러 중생이 그 공덕을 짓게 한다면, 그 불보살님의 명호를 부르는 공덕이 더 큰 것은 당연하다. 『지장경』에는 지장보살의 명호를 부르는 방법을 좀 더 구체적으로 언급한다.

“만약 7일 가운데 『지장경』을 읽고, 또 보살 명호를 불러서 1만 번을 채우면, 이 사람은 전생 재앙의 과보에서 벗어나고 안락하게 잘 자라 수명이 늘어나게 되고, 만약 복을 타고난 아이라면 더욱 안락하고 수명이 더 늘어나게 된다.”

『지장경』 제6품 「여래찬탄품」

“만약 (부모나 형제자매가 목숨을 다한) 사람이 한마음으로 21일 동안 지장보살의 형상을 우러러 절하고 그 이름을 1만 번을 채우게 되면, 반드시 지장보살이 모습을 나타내어 죽은 사람이 태어난 곳을 다 알려주기도 하며 … 다시 날마다 보살의 이름을 1000번 불러 1000일에 이르면, 지장보살이 그 사람이 있는 지신을 시켜 몸이 다하도록 보호해주며, 옷과 음식이 풍족하고, 여러 질병이나 고통이 없게 하며 어떤 횡액도 그 집

문으로 들어오지 못하게 하는데, 하물며 그 사람의 몸에 미치
겠는가.

　이 사람은 마침내 지장보살이 이마를 만지며 (깨달음을 얻을
것이라는) 수기를 받게 된다."

『지장경』 제12품 「견문이익품」

"지장보살, 지장보살.", "관세음보살, 관세음보살." 이렇게 불보살
님의 명호를 외우는 수행을 염불念佛이라고 한다. 불보살님의 명호
를 부르며 마음으로 불보살님을 생각하기 때문이다. 불보살님께 귀
의하고 모든 것을 불보살님의 뜻에 따라 수행하는 것이 염불이다.
간절하게 불보살님의 명호를 부르며 불보살님의 가피를 구한다.

　길을 걷거나 자동차 등으로 이동하거나 한곳에 머물러 있거나 속
으로 또는 소리 내어 불보살님의 명호를 외운다. 그런데 일정 시간
놓치지 않고 명호를 외우기가 쉽지 않다. 10초도 채 지나지 않아서
다른 생각으로 불보살님의 명호는 사라져버린다. 그러나 반복하고
반복하면 불보살님의 명호가 입에 붙어 잠을 자면서 명호를 외우기
도 한다.

　"또 만일 미래 세상의 모든 중생이 비록 선정, 지혜, 생사를
벗어나는 도를 구하지 않더라도, 다만 온갖 재앙, 빈궁, 고난,
근심의 핍박을 받는다면, 공경하여 예배하고 공양하고 지은

악을 참회하고 항상 발원하여 언제 어디서나 부지런한 마음으로 나의 명호를 부르고 외워서 지극한 정성이 되게 하라. 그러면 갖가지 손해와 괴로움에서 속히 벗어나고, 이 목숨이 다하고서 좋은 곳에 태어난다."

『점찰선악업보경』

사찰 법당 등에서 한마음 한뜻으로 불보살님의 지혜와 공덕을 찬탄하면서 그 명호를 부르며 정진하는 수행을 정근精勤이라 한다. 정근은 선법善法을 더욱 자라게 하고, 악법惡法을 멀리 떠나려고 부지런히 쉬지 않고 수행한다는 뜻이다. 정근을 할 때는 다른 생각을 내려놓고 오직 평온한 마음으로 불보살님의 한량없는 공덕을 믿고 일념으로 정진한다. 항상 자세를 바르게 하고, 음성은 너무 크지도 작지도 않게 적당하게 한다. 마음을 안정시키기 위해 염주를 돌리거나 절을 하기도 한다.

08

지장보살의
존상에
절하다

   절은 머리를 숙여 상대방에게 존중의 예를 표현하는 방법이다. 예禮 또는 예배禮拜라고도 한다. 불교에서는 절을 오체투지五體投地로 한다. 두 무릎과 두 팔꿈치와 이마, 이 다섯 부분을 땅에 붙이고 양손으로는 상대방의 발을 받든다. 온몸과 마음을 다하여 상대방의 신체 맨 아랫부분인 발을 받들어 극진한 예를 표할 만큼 한없이 존경하는 마음과 귀의하는 마음을 보인다.

   『지장경』에는 절을 '예'로 표현하여, 절의 공덕에 대해 여러 차례 언급한다.

• 지장보살의 명호를 듣고 합장하고 찬탄하고 절하고 간절하게 그리워한다면, 30겁 동안 지은 죄를 뛰어넘는다.

- 하늘중생이 하늘의 복이 다하고 악도에 떨어지게 될 때, 지장보살의 형상을 한 번 보거나 지장보살의 이름을 한 번 듣고서 한 번 우러러보고 한 번 절하기만 해도, 모든 하늘중생은 하늘 복이 더욱 늘어나고 큰 즐거움을 받고 영원히 삼악도의 과보를 받지 않는다.

- 지장보살의 형상을 그리거나 흙, 돌, 금, 은, 동, 철로 이 보살의 형상을 만들고, 한 번 우러러보고 한 번 절을 한다면, 이 사람은 도리천을 100번 반복하여 태어나고 영원히 악도에 떨어지지 않는다. 설사 천복이 다하여 이 인간 세상에 태어나더라도 국왕이 되어 큰 이익을 잃지 않는다.

- 만약 어떤 여인이 용모가 원만하지 못하고 질병이 많은 것을 싫어하여, 다만 지장보살 형상 앞에서 지극한 마음으로 밥을 한 끼 먹을 사이만이라도 우러러 예배하면 이 사람은 천만 겁 동안 태어나는 몸의 용모가 원만하고 질병이 없다.

처음에는 지장보살에게 무엇인가 바라는 마음에, 혹은 지장보살의 명호를 듣고 존경하는 마음에 지장보살존상 앞에 예를 갖춘다. 바라는 마음이든 존경하는 마음이든, 절은 나를 낮추고 상대를 존경하는 데서 시작한다. 자신을 낮추지 않고는 절을 할 수 없다. 절은 자기를 낮추어 자신을 살펴보고 상대방을 존경하는 행위다. 절을 받는 이는 불보살님이고 절하는 이는 우리 범부중생이다. 사찰은 절하는 장소라 하여 절이다.

절은 자신을 낮추는 마음 자세다. 이를 절집에서는 하심下心이라고 한다. 불자가 지녀야 하는 중요한 마음 가운데 하나다. 『자경문』을 보면 "무릇 하심을 지닌 자는 만복이 스스로 함께하리라."라고 했다. 자신을 낮추지 않고는 불보살님의 가피를 받거나 부처님 가르침에 들어갈 수 없다. 자기 생각으로 가득 차 있는데, 어떻게 다른 이의 이야기가 귀에 들어가겠는가.

하심은 불교 공부의 시작이자 불교 공부의 끝이다. 탐진치 삼독으로 얼룩진 번뇌 망상을 내려놓을 때, 그 순간이 바로 부처님의 경지가 아니겠는가. 처음에는 불보살님에 대한 간절함과 존경심으로 절을 시작하지만, 결국 절은 부처님의 경지로 이끈다.

절 수행만 그런 것이 아니다. 모든 불보살님을 향한 마음과 행동이 다 그러하다. 불보살님은 마중물이다. 수동 펌프로 지하수를 끌어 올리기 위해서는 마중물이 필요하다. 불보살님은 중생 제도를 위해 여러 방편으로 중생에게 다가온다. 대부분 중생은 삶의 괴로움으로 불보살님의 가피를 구한다. 이때 불보살님은 중생에게 위신력으로 다가오신다. 그런데 시간이 지남에 따라 결국 중생 자신의 마음에서 부처님 마음을 발견한다. 부처님 경지, 깨달음에 이른다는 말이다. 불보살님께서 중생 마음에 있는 불성을 끌어 올리기 위해 마중물의 역할을 하셨기 때문에 가능한 일이다.

불보살님이 이전부터 우리에게 방편으로 끊임없이 다가오심에 감사하고, 지금 우리에게 가피를 보여주심에 감사하고, 앞으로 우리를 깨달음으로 이끌어주심에 감사하다. 감사의 마음을 담아 불보살님께 지극한 마음으로 절을 한다.

1배를 하든, 3배를 하든, 108배를 하든 마지막 절을 할 때, 일어나기 전에 엎드린 채로 이마 앞에 합장한다. 이를 고두례라고 한다. 무수히 예경하고 싶은 마음의 아쉬움을 표하는 예법이다. '존경스러운 마음에 절을 계속하고 싶지만, 사정상 절을 마치고 다음에 계속하겠습니다.'라는 뜻이다. 한편, 엎드린 채 두 손을 하늘로 향하는 이유는, 자신의 불성을 드러내 보인다는 의미와 부처님을 공경한다는 의미가 있기 때문이다.

09

지장보살의
형상 앞에
공양을 올리다

　절에 간다는 말을 '불공佛供드리러 간다.'고 표현하기도 한다. 불공은 불보살님께 공양을 올린다는 말이다. 공양을 올린다는 말은 상대방을 존경하여 자신이 가진 귀한 것을 기쁜 마음으로 올린다는 뜻이다.

　불공은 부처님 당시 재가불자가 부처님과 부처님의 제자에게 공양을 대접하면서 시작했다. 재가불자는 부처님과 부처님의 제자가 수행에 전념할 수 있도록 공양을 올리고, 가르침을 들었다. 이러한 공양 모습이 불교 의례로 정착했다.

　앞서 언급했듯이 『지장경』 제6품 「여래찬탄품」에는 지장보살 형상에 공양을 올림으로써 여러 공덕이 생김을 언급하고 있다.

• 지장보살의 형상 앞에 꽃, 향, 음식, 비단, 깃발, 보배 등을 공양하면, 여자 몸을 싫어하는 여인은 백천만 겁에 여인이 있는 세계에 다시 태어나지 않고, 또한 여자 몸을 다시 받지 않는다.

• 지장보살의 형상 앞에 지극한 마음으로 밥 한 끼 먹을 동안이라도 우러러 절하면, 천만 겁을 지나도록 몸의 모습이 원만하고 모든 질병이 없다. 또한 귀한 집안의 딸로 태어나 몸의 모습이 원만하다.

• 지장보살의 형상 앞에 악기로 연주하고 노래를 불러 찬탄하고 향과 꽃으로 공양하거나, 한 사람이나 많은 사람에게 권하면, 현재나 미래에 백천의 신들이 보호하여 횡액을 받지 않는다.

『지장경』 제10품 「교량보시공덕연품」에는 탑, 절, 불보살님 형상에 보시한 공덕도 언급한다.

"만약 미래 세상에 국왕부터 바라문에 이르기까지 부처님의 탑이나, 절, 혹 부처님 형상 내지는 보살, 성문, 벽지불 등의 형상을 만나서 몸소 마련하여 공양을 올리고 보시하면, 이 국왕 등은 3겁 동안 제석천의 몸을 얻어 뛰어나고 미묘한 즐거움을 받는다. 만약 이 보시한 복의 이익을 법계에 회향하면, 이 국왕들은 10겁 동안 항상 대범천왕이 된다."

『지장경』 제10품 「교량보시공덕연품」

▲ 꽃 공양을 받은 고창 문수사 명부전의 지장보살상

　사람들이 불보살님께 공양을 올리는 이유는 우선 무엇보다 불보살님의 가피를 받아 재앙을 없애고 건강과 행복을 기원하기 때문이다. 물론 그 바탕에는 불보살님에 대한 존경심이 전제되어 있다. 시간이 지나면서 불보살님의 은혜에 보답하려는 마음으로 공양을 올린다. 불보살님은 모든 중생을 구제하는 대자대비하신 스승이기 때문이다. 이 또한 공덕으로 이어진다. 경전에서 제석천 또는 대범천왕을 언급하는 이유는 인도에서는 하늘에 태어나는 것을 큰 복으로 생각했기 때문이다.

　불보살님의 공덕은 혹은 드러나게, 혹은 알지 못하게 일어난다.

은근하게 스며드는 가피를 명훈가피冥熏加被라 한다.

    절에서는 향, 등, 꽃, 과일, 차, 쌀 등의 여섯 가지 공양물을 주로 올린다. 이를 육법공양이라 한다. 이는 부처님이나 보살님에게 바치는 재공양財供養에 해당한다. 『지장경』에서 언급하는 것처럼, 악기 연주나 노래 등으로 찬탄하는 등의 음성공양을 올리기도 한다. 재공양도 중요하지만, 절에서는 법공양法供養을 강조한다. 법공양은 불보살님의 가르침을 듣고 보고 알아서, 가르침의 내용대로 지혜롭게 실천하고, 이웃에게 부처님 가르침을 전하며 서로 나누고 배려하며 사는 삶을 말한다.

10

이웃에게 하는 공양이 불보살님께 하는 공양이다

공양에는 '베푼다'는 뜻이 있다. 음식이나 의복, 그 밖의 물건을 중생 등에게 주는 모든 행위가 공양이다. 또는 보시라 한다. 보시를 '베푼다'라고 풀이하는데, 필자는 '나눈다'라고 풀이하길 좋아한다. 왠지 '베푼다'라 하면 시혜를 베푼다 등의 말처럼 상하의 느낌이 나기 때문이다.

『지장경』제10품 「교량보시공덕연품」에서는 여러 경우로 보시하는 공덕에 설명한다. 그중 다음 경전 말씀이 와닿는다.

"만약 가장 가난한 이나 몸이 불편하거나 말 못 하고 귀가 먹고 눈 어두운 가지가지 힘든 자를 만나서 보시를 하고자 할 때, 자비스러운 마음으로 하심하여 웃으며 자기 손으로 보시

하거나 사람을 시켜 보시하거나 부드러운 말로 위로하면, 이
사람이 얻은 복덕은 100 갠지스강의 모래알 수만큼 많은 부
처님께 공양한 공덕과 같다."

『지장경』 제10품 「교량보시공덕연품」

중생에게 공양한 공덕이 많은 부처님에게 공양한 공덕과 같다는
뜻이다. 불보살님에게 공양 올리는 것이 불공이라면, 일상생활 속
에서 이웃과 나누고 섬기며 사는 모습이 바로 넓은 의미의 불공이
다. 따라서 이렇게 말한다.

"중생공양衆生供養이 제불공양諸佛供養이라."

'중생에게 하는 공양이 여러 부처님께 하는 공양이다.'라는 뜻
이다.

불보살님에게 공양하는 일도 의미 있는 신행생활이지만, 늘 이웃
과 함께 나누는 마음과 실천 또한 의미 있는 일이다. 그 공덕이 다
어디에 가겠는가. 모든 자신을 위한 공덕이고, 조상을 위한 공덕이
고, 이웃을 위한 공덕이다.

지금 『지장경』에서는 이웃에게 공양한 공덕이 많은 부처님께 공
양한 공덕과 같다고 했으니, 이는 이웃에게 공양한 공덕이 부처님
께 공양한 공덕보다 크다는 말이다. 그런데 『사십이장경』에는 이웃
에게 공양한 공덕보다 부처님께 공양한 공덕이 더 크다고 한다. 이
처럼 경마다 다른 말씀을 『법원주림』에서는 다음과 같이 회통한다.

지금 이 뜻을 해석하자면 여러 길이 있다. 보시하는 사람에게는 어리석음과 지혜로움의 구별이 있고, 보시한 대상에는 자비(悲)와 공경(敬)의 다름이 있다는 것을 밝힌다. 자비는 바로 빈곤한 이를 말하고, 공경은 삼보를 말한다. 자비로 보면, 복전福田의 밭(田)은 부족하지만 보시자의 마음(心)은 뛰어나다. 공경으로 보면, 복전의 밭은 뛰어나지만 보시자의 마음은 부족하다. 만일 보시자 마음의 뛰어남만을 취하여 부처님께 보시한다면, 가난한 이에게 보시하는 것보다 못하다.

『법원주림』

즉, 자비의 관점에서 보면, 이웃에게 공양한 공덕이 더 많다. 공경의 관점에서 보면, 부처님께 공양을 올린 공덕이 더 많다. 불보살님은 보시자의 복덕을 자라게 하는 복의 밭이기에 복전이라 한다. 한편, 평등에 관점에서 보면, 차별이 없다. 모두 법다운 보시(법시法施)를 갖춘다. 거듭 말하자면, 중생공양이 제불공양이다.

11

지장보살 앞에
허물을
참회하다

기도할 때는 발원에 앞서 참회가 기본이다. 자신의 잘못을 숨기고 무엇을 바라기만 한다면 도둑놈 심보다. 참회 없는 발원은 모래로 밥을 짓는 것과 같다. 마음속에 번뇌가 가득하면, 아무리 좋은 가르침을 들어도 소용이 없다.

참회는 '참는다'는 뜻의 범어 크샤마kṣama의 음역인 '참懺'에 '후회, 회과悔過'의 뜻인 '회悔'를 붙였다. 즉, 참회는 죄를 참고 용서하는 것처럼 다른 사람에게 용서를 청하는 일이다. 그래서 '참'은 용서를 구하는 일이고, '회'는 다른 사람에게 자기의 죄를 고백하여 죄를 없애는 일이라고도 한다.

"사람이 많은 허물이 있는데도 스스로 뉘우치지 않고 그대로 지나버리면 죄는 몸에 이를 것이니, 마치 물이 바다로 돌아가 점점 깊고 넓게 되는 것과 같다. 만약 허물이 있더라도 스스로 그릇된 줄 알고 악을 고쳐 선을 행하면 죄가 저절로 없어질 것이니, 마치 병자가 땀을 내고 차차 회복되어가는 것과 같다."

『사십이장경』

허물은 숨기면 숨길수록 커진다. 죄가 있으면 곧 참회하고, 잘못된 일이 있으면 부끄러워할 줄 아는 것이 참다운 용기다. 따라서 참회는 자신의 잘못을 뉘우치고 용서를 청하는 매우 중요한 수행법이다.

다음은 당나라 혜능 스님의 법문이다.

"무엇을 '참'이라 하고, 무엇을 '회'라고 하는가? 참이란 지나간 허물을 뉘우침이다. 전에 지은 악업인 어리석고 교만하고 속이고 질투하는 등의 죄를 다 뉘우쳐 다시는 영원히 일어나지 않도록 한다. 회란 이후에 오는 허물을 뉘우침이다. 지금부터 이후에 있을 악업인 어리석고 교만하고 속이고 질투하는 등의 죄를 지금 깨달아 모두 다 영원히 끊어 다시는 더 짓지 않는다. 범부는 어리석어 단지 지나간 허물을 뉘우칠 줄 알면서도 앞으로 있을 허물을 뉘우칠 줄 모른다. 뉘우칠 줄 몰라서 앞의 허물이 없어지지 않고 뒤의 허물이 다시 생겨난

다. 앞의 허물도 없어지지 않고 뒤의 허물이 다시 생기게 되
니, 어찌 참회라 할 수 있겠는가?"

『육조단경』

서산대사는 참회를 다음과 같이 풀이했다.

"참회란 먼저 지은 허물을 뉘우치고 다시는 짓지 않겠다고
맹세하는 일이다. 참괴慚愧(부끄러워함)라는 것은 안으로 자신
을 꾸짖고 밖으로 허물을 드러내는 일이다. 마음이란 본래 비
어 고요한 것이므로 죄업이 붙어 있을 곳이 없다."

『선가귀감』

정리하자면, '참'은 전에 지은 허물을 뉘우친다는 뜻으로, 옛날부
터 지은 모든 악업을 뉘우친다. '회'는 이제부터 이와 같은 모든 죄
를 더 짓지 않도록 뉘우친다는 뜻이다.

지장신앙은 지장보살의 서원으로부터 출발하지만, 인과응보 또
한 중요한 내용이다. 생전의 선악 행위로 지옥, 아귀, 축생, 아수라,
인간, 하늘 등 육도를 떠돈다. 따라서 지장신앙은 죄업을 참회하고
업장을 소멸하는 참회기도를 중요하게 여긴다.

"앞 세상의 죄업을 깨닫고 참회하고자 하는 이는 지극한 마

음으로 지장보살 형상에 우러러 절하고 7일 동안 보살의 명
호를 불러 1만 번을 채우면, 이와 같은 사람은 이 과보를 마친
뒤에 천만 생 동안 높고 귀한 집에 항상 태어나며 다시 삼악
도의 고통을 겪지 않는다."

『지장경』 제6품 「여래찬탄품」

『점찰선악업보경』에서 지장보살은 참회 방법을 자세하게 설명한
다. 그 경전에는 중생의 근기와 지은 업의 경중에 따라 참회기간이
다르다고 한다. 즉, 7일, 14일, 21일, 49일, 100일, 200일, 1000일을
지나고서야 청정함을 얻는다고 한다. 따라서 다음과 같이 지장보살
은 당부한다.

"만일 근기가 지극히 둔하고 죄의 장애가 매우 무겁다면 다
만 마땅히 용맹스러운 마음을 내어 몸과 목숨이 아깝다는 생
각을 내지 않고, 언제나 (명호를) 부지런히 부르고 생각하며,
밤낮으로 돌고 수면을 줄이며, 예배하며 참회하고 발원하며,
즐거이 수행하고 공양을 올리며, 게을리하지 않고 중단하지
않으며, 나아가 목숨을 잃을지라도 반드시 중단하거나 물러
나지 않아야 합니다. 이와 같이 정진하면, 1000일 안에 틀림
없이 청정함을 얻게 됩니다."

『점찰선악업보경』

12

드러난 죄를 참회하거나
죄의 본성을 알고
참회하다

참회에는 사참事懺과 이참理懺 두 가지가 있다. '사事'는 드러난 하나하나 현상을 말하고, '리理'는 드러난 현상의 본질을 말한다. 따라서 사참은 불보살님께 자신의 잘못을 몸과 말과 생각으로 드러내어 하나하나 악업을 참회하는 방법이다. 가령, 불상 앞에 예경하고 발원하여 하나하나 죄악을 참회하여 끊어버린다. 이참은 본래 일어난 바가 없는 죄의 참모습을 관찰하여 죄에서 벗어나는 참회법이다.

가령, 불자들이 가장 독송을 많이 하는『천수경』에서 사참과 이참의 경우를 살펴보자.

〈십악참회〉에서 열 가지 나쁜 짓을 참회하는 것이 사참에 해당한다.

살생중죄금일참회殺生重罪今日懺悔

…

치암중죄금일참회癡暗重罪今日懺悔

살생한 무거운 죄 오늘 참회합니다.

…

어리석은 무거운 죄 오늘 참회합니다.

즉, 살생, 투도, 사음, 망어, 양설, 악구, 기어, 탐욕, 진에, 우치 등 나쁜 업을 하나하나 열거하며 부처님 전에 참회한다. 이것이 사참이다.

그리고 다음에 이어지는 게송은 이참에 해당한다.

백겁적집죄百劫積集罪

일념돈탕제一念頓蕩除

여화분고초如火焚枯草

멸진무유여滅盡無有餘

죄무자성종심기罪無自性從心起

심약멸시죄역망心若滅時罪亦亡

죄망심멸양구공罪亡心滅兩俱空

시즉명위진참회是則名爲眞懺悔

백 겁 동안 쌓인 죄업이

한 생각에 없어지니

마른 풀이 불에 타듯

남김없이 사라지네.

죄는 자성이 없어 마음 따라 일어나니

마음이 사라지면 죄도 또한 없어지네.

죄가 없어지고 마음이 사라져 둘 다 공해지면

이것을 이름하여 참다운 참회라고 하네.

　지혜로써 죄의 자성을 올바르게 관하면, 그 죄의 자성이 본래 없어 마음을 따라 일어남을 알게 된다. 그 순간 모든 죄업이 남김없이 사라져서 자취가 없게 된다. 한 생각에 모든 죄업이 마른 풀이 불에 타서 없어지듯이 사라진다. 이것이 이참이다.

　『점찰선악업보경』에서 지장보살은 참회 방법을 자세하게 설명한다. 그 가운데 사참과 이참에 해당하는 내용이 있다. 먼저 사참이다.

　“(부처님, 성현, 지장보살에게 예배한다.) 이렇게 예배를 마치고 나서 자신이 지었던 죄를 설명하며 일심으로 우러러 아뢰어야 합니다.

　'바라옵건대, 시방의 크게 자비하고 높으신 모든 분이시여,

증명하여 아시어 보호하고 염려해주옵소서. 저는 지금 참회하고 다시는 죄를 짓지 않겠습니다. 바라옵건대, 저와 일체 중생은 한량없이 많은 겁 이래로 십악, 사중四重, 오역, 전도顚倒, 삼보 비방, 일천제의 죄를 속히 없어지게 해주십시오.'"

『점찰선악업보경』

십악은 〈십악참회〉에서 언급했으니 여기서는 생략한다.

사중은 사중금계四重禁戒라 한다. 살생계, 투도계, 사음계, 망어계의 네 가지다. 이 계를 과도하게 범하면 다시 스님이 될 수 없는 무거운 계율이므로 중계라고 한다.

오역은 오역죄라고 한다. 4장에서도 한 번 설명했지만 소승과 대승에서 차이가 있다. 소승에서는 ① 어머니를 해치는 행위, ② 아버지를 해치는 행위, ③ 아라한을 해치는 행위, ④ 부처님 몸에서 피를 내게 하는 행위, ⑤ 화합승가를 파괴하는 행위다.

대승에서는 ① 사찰을 파괴하고 경전과 불상을 불태우고 삼보의 물건을 빼앗는 행위, ② 성문, 연각, 대승의 법을 비방하는 행위, ③ 출가자의 수행을 방해하거나 출가자를 죽이는 행위, ④ 소승 오역죄 가운데 하나를 범하는 행위, ⑤ 모든 업보는 없다고 생각하여 불선업을 행하여 다음 세상을 두려워하지 않고 또는 그런 내용을 다른 사람에게 가르쳐주는 행위다. 또는 소승의 오역죄에서 어머니와 아버지를 해치는 행위를 하나로 하고, 부처님 가르침을 비방하는 행위를 더하여 오역죄라 한다.

전도는 그릇된 견해에 집착하는 것을 말한다.

이처럼 각각의 죄를 참회하는 것이 사참이다. 다음은 이참이다.

"그리고 다시 이렇게 생각하십시오.

'이와 같은 죄의 성품은 다만 허망하고 전도된 마음에서 일

어났으니, 결정된 실체를 얻을 수 없고, 본래 공적空寂할 뿐입

니다. 저와 일체중생은 마음의 근본을 속히 통달하여 영원히

죄의 뿌리를 없애게 해주십시오.'"

『점찰선악업보경』

『천수경』과『점찰선악업보경』의 내용은 다르지 않다. 십악, 오역
등의 허물은 범부의 참회만으로 벗어나기 힘들다. 그러므로 불보살
님의 위신력으로 그 죄업을 벗어나고자 한다. 지난 잘못 하나하나
참회해야 하지만, 궁극에는 그 죄의 본성을 깨달아야 한다. 죄의 본
성을 사무쳐 알기 전에는 알게 모르게 죄를 짓고 그 과보를 받기 때
문이다.

13

경전을
서사 · 수지 · 독송하는
공덕

"어디서든지 이 경을 설하거나 읽거나 외우거나 쓰거나 이
경전이 있는 곳에는 마땅히 칠보로써 탑을 쌓되 지극히 높고
넓고 장엄하게 꾸밀 것이요, 또다시 사리를 봉안하지 말라.
왜 그러한가. 이 가운데는 이미 여래의 전신全身이 있는 까닭
이니라."

『법화경』「법사품」

불자의 첫걸음은 불법승 삼보三寶에 대한 귀의로 시작된다. 세상
의 보배가 귀하고 귀한 것처럼 불교 집안에서 귀하고 귀한 세 가지
보물인 삼보가 있다. 부처님(불보)과 부처님 가르침(법보)과 부처님
가르침을 실천 수행하는 승가(승보)를 말한다.

경전은 단순한 책이 아니라 삼보 가운데 법보다. 그러므로 부처님 진신사리로서 법사리法舍利라 한다. 경전에서는 경전을 불상이나 불탑과 같이 공경하고 공양함을 권유하고 있다.

부처님께서 열반하실 무렵 중요한 말씀을 남기셨다. 그 가운데 하나가 "자신을 등불로 삼고, 법을 등불로 삼아라. 자신에 의지하고, 법에 의지하라."다. 법은 진리이자 진리를 표현한 부처님 말씀이다. 깨달은 자가 부처님이고 그 깨달음의 내용이 바로 진리라고 할 때, 불보가 바로 법보인 셈이다. 경전이 바로 부처님 전신이다.

이러한 부처님 전신인 경전에 대한 공경과 공양은 쓰거나(서사書寫) 받아 지니거나(수지受持) 읽고 외우거나(독송讀誦) 풀이하는(해설解說) 등의 형태로 드러난다. 그리고 이에 대한 공덕은 경전 여러 곳에서 언급된다.

> "수보리야, 오는 세상에서 만약 어떤 선남자 선여인이 능히 이 경전을 받아 지니고 읽고 외우면, 여래가 부처님의 지혜로써 이 사람을 다 알며 이 사람을 다 보아서 한량없고 끝없는 공덕을 성취하게 하리라."
>
> 『금강경』

경전 한 글자 한 구절이라도 믿고 받아 지닌다면, 갠지스강의 모래알 수보다 많은 목숨으로 공양한 공덕보다 크다고 했다. 잠깐 생각해보면 수긍이 가는 말이다. 서사·수지·독송·해설, 즉 경전을 베껴 쓰고 받아 지니고 읽고 외우며 해설하는 행위는 부처님 가르침이 멸하지 않도록 널리 유통한다는 의미도 있다. 그렇게 경전을 널리 유통한 공덕은 매우 크다. 그리고 서사·수지·독송을 한 번이라도 해본 사람은 안다. 그 순간 마음이 차분하게 가라앉는다는 그 느낌을.

14

『지장경』을
듣거나 쓰거나
독송하다

『지장경』 제6품 「여래찬탄품」에는 『지장경』을 듣거나 쓰거나 독송하는 공덕을 여러 사례를 들어 언급한다.

• 아픈 사람이 있는 경우, 불보살님 형상 앞에서 소리를 높여 『지장경』을 한 번 읽고, 그 환자의 재물을 삼보에 보시하며, 보시한 내용을 그 환자에게 세 번 말해 알아듣게 한다. 1일 내지 7일 동안 소리 높여 이 일을 말해주고 소리 높여 경을 읽어주면, 이 사람은 무거운 죄가 있더라도 영원히 해탈을 얻고 다시 태어나는 곳마다 과거 생을 안다.

• 『지장경』을 쓰거나, 혹은 보살의 형상을 조성하거나 그림으로 그리거나 혹은 사람을 시켜서 하게 하면, 반드시 큰 이로움을

얻는다.

• 『지장경』을 독송하거나 또한 한순간이나마 이 경을 찬탄하며 이 경을 공경하는 자를 보거든, 모름지기 백천 가지 방편으로 이러한 사람들에게 권하여 부지런한 마음이 물러나지 않게 하면 능히 미래와 현재에 백천만억 불가사의 공덕을 얻는다.

• 먼저 죽은 권속들이 꿈속에 귀신으로 나타나 악도에서 벗어나게 해주기를 구한다면, 불보살님 형상에 나아가 지극한 마음으로 『지장경』을 독송하거나 혹은 사람을 시켜서 읽게 하여 그 수가 세 번 혹은 일곱 번에 이르게 되면, 이와 같은 악도의 권속들은 경 읽는 횟수가 끝날 때 마땅히 해탈을 얻어 꿈속이라도 영원히 보이지 않는다.

• 십재일에 불보살님과 성현 형상 앞에 나아가 『지장경』을 한 번 읽으면, 동서남북 100유순 안에서는 모든 재난이 없어진다. 또한 어른이나 아이는 현재와 미래 백천세 가운데 영원히 악도를 떠난다.

• 지장보살의 이름을 듣거나 보살의 형상을 보거나 『지장경』의 세 글자, 다섯 글자, 혹은 한 게송, 한 구절을 듣는다면, 현재에는 뛰어나고 묘한 안락을 얻고, 미래에는 백천만 생 동안 항상 단정함을 얻어 존귀한 집에 난다.

이처럼 『지장경』은 지장보살의 본원이 담긴 경전이기에 듣거나 쓰거나 독송하는 공덕은 헤아릴 수 없다. 그리고 부처님께서는 이 『지장경』의 세 가지 이름을 언급하며 유포를 당부하신다.

"이 경의 이름은 세 가지가 있다. 한 이름은『지장본원경』이요, 또 한 이름은『지장본행경地藏本行經』이요. 또 한 이름은『지장본서력경地藏本誓力經』이다. 이 보살은 오랜 겁으로부터 중대한 서원을 일으켜 중생들을 이익되게 한다. 그러므로 그대들은 지장보살의 서원에 따라 유포하도록 하라."

『지장경』제6품「여래찬탄품」

15

독송하고 사경하며
경전과
하나가 되다

큰마음을 내어 기도를 시작하거나 경전 공부를 하고자 하는 불자에게 먼저 『지장경』 독경 100일 기도를 꼭 권한다. 이 또한 참회를 강조하는 가르침이다.

『지장경』을 보면, 잘못에 대한 과보로 지옥 등을 언급한다. 경을 읽는 동안 자신의 모습을 돌아보지 않을 수 없다. 굳이 지옥보를 받는 것 때문에 지금 반성한다는 것이 아니라 그 언급된 악업을 통해 자신의 삶을 살펴보게 된다. 한 구절 한 구절 읽어나갈 때마다 자신의 죄업을 참회하고 일념으로 불보살의 명호를 생각하며 기도한다면, 어느덧 지옥은 딴 세계 이야기가 되어버리고 지금 바로 불보살과 함께함을 느끼게 된다.

가끔 이런 질문을 받는다.

"경전 뜻을 헤아리며 독송하는 것이 좋습니까, 그냥 아무 생각 없이 독송하는 것이 좋습니까?"

필자는 답한다.

"독송할 때는 경전과 내가 하나가 되도록 아무 생각 없이 그냥 독송하십시오. 뜻을 헤아려 독송한다면, 오히려 독송하는 동안 여러 생각이 일어나게 되어 집중이 힘듭니다. 다만 별도로 시간을 내어 경전 뜻을 헤아리며 공부하십시오."

모든 수행의 기본은 생각 없애기, 잡념 없애기다. 절 수행이든, 염불 수행이든, 위빠사나든, 간화선이든 대상을 놓치지 않고 주시함으로써 집중하여 마침내 삼매에 든다. 독송할 때는 그 경전 한 글자 한 글자에 집중하여 그 대상을 놓치지 않는다. 입으로는 경전을 독송하고 귀로 그 소리를 듣고 마음으로 그 소리에 집중해야 한다. 그러나 그것이 쉽지 않다. 바로 '경전 독송 따로, 생각 따로'가 되어 버린다.

사경 수행도 좋다. 한글 사경이든, 한문 사경이든 바탕에 글자가 새겨져 있는 사경지보다는 그냥 아무것도 없는 백지 사경이 집중에 도움이 된다. 글자가 새겨져 있는 사경지는 새겨진 글자 위를 따라 쓰기만 하면 된다. 다른 생각이 일어나도 사경이 가능하다. 그렇지만 백지 사경은 다른 생각이 들어가면 바로 글자가 어긋나기 십상이다. 더욱 집중해야 한다.

대중을 배려하는 경전 신앙의 백미는 윤장대다. 윤장대 안에는

▲ 예천 용문사에 있는 윤장대. 중심대를 달아 돌아가도록 만든다.

경전이 모셔져 있어 윤장대를 돌리면 그 안의 경전을 읽은 공덕과 같다고 한다. 이는 경전을 가까이할 수 없는 이를 위한 배려라고도 볼 수 있다. '설마 윤장대를 돌린 것이 경전 읽는 공덕과 같을까?' 하는 사람도 있을 것이다.

생각해보자. 분명히 경전에서는 경전을 수지 독송하는 공덕을 언급한다. 그런데 지금이야 책이 흔하고 글을 읽는 사람도 많지만, 그 옛날 글을 읽을 줄 아는 사람이 몇 명이나 될까? 그리고 책을 가질 수 있는 사람은? 경전을 읽으면 그렇게 좋다고 하는데, 글도 모르고 책도 없는 이는 어떻게 할 것인가? 경전 독송 공덕 어쩌고저쩌고 해봤자 그에게는 달나라에 있는 토끼의 뿔이다.

그런데 어느 날 스님이 말했다. "이번 성지순례는 윤장대가 있는 모 사찰에 갑니다. 그 윤장대를 한 번 돌리는 공덕이 경전 한 번 독송하는 공덕과 같습니다." 이 말을 들은 그 사람의 마음은? 그날을 위해 몸과 마음을 정갈하게 하고, 그날 윤장대를 돌릴 때도 지극정성으로 돌린다. 윤장대(경전)와 하나가 된다. 일심으로 지극정성 돌린다면, 알음알이로 경전을 보는 것보다는 더 뛰어나지 않을까.

16

지장신앙의
'츰부다라니'를
독송하다

관음신앙과 관련된 다라니로는 '나모라 다나다라 야야 나막알약 바로기제 새바라야'로 시작하는 '신묘장구대다라니'가 있다면, 지장 신앙과 관련된 다라니로는 '츰부다라니'가 있다.

츰부츰부 츰츰부 아가셔츰부 바결랍츰부 암발랍츰부 비라 츰부 발결랍츰부 아루가츰부 담뭐츰부 설더뭐츰부 살더닐하 뭐츰부 비바루가 찰붜츰부 우붜셤뭐츰부 내여나츰부 뷀랄여 삼므디랄 나츰부 찰나츰부 비실바리여츰부 셔살더랄바츰부 비어자수재 맘히리담미셤미 잡결랍시 잡결랍 뮈스리 치리시 리 결랄붜뷜러발랄디 히리벌랄비 뷀랄저러니달니 헐랄달니 붜러 져져져 히리미리 이결타 탑기 탑규로 탈리 탈리 미리

뭐대더 대구리 미리 앙규즈더비 얼리 기리 뭐러기리 규차섬
뭐리 징기 둔기 둔규리 후루 후루후루 규루술두미리 미리디
미리대 뷘자더 허러히리 후루 후루루

즘부라는 말이 반복되어 나오므로 즘부다라니라 한다. '지장보살
즘부다라니'라고도 한다. 한역 경전에는 인도어를 중국식 발음에
해당하는 한자로 기록했다. 이를 한국식으로 변용하여 위와 같이
외우게 되었다.

이 다라니를『지장십륜경』「서품」에서는 '구족수화길상광명대기
명주총지장구具足水火吉祥光明大記明呪總持章句'라고 한다. '물, 불, 묘
하고 훌륭한 광명을 갖추고 중생에게 크게 가피를 주는 밝은 주문
(명주)이자 다라니(총지)인 문장'이라는 뜻이다.

"세존이시여, 이와 같은 '구족수화길상광명대기명주총지
장구'는 제가 과거에 갠지스강의 모래알 수만큼 많은 부처님
으로부터 직접 받아 지녔습니다. 이 다라니는 일체의 선한
법을 증장시키고, 자세히 말하면, 나아가 일체 사용할 물건
을 증장시킵니다."

『지장십륜경』「서품」

즘부다라니는 지장보살이 과거 많은 부처님으로부터 직접 받아

지니는 다라니다. 그리고 이 다라니의 공덕은 다양하다. 『지장십
륜경』에 나타난 츰부다라니의 공덕을 정리해보면 이렇다.

- 부처님에 대한 기억을 좋게 한다.
- 불법을 지키려는 뜻을 잊지 않게 해준다.
- 수명을 늘게 한다.
- 신체를 키운다.
- 병이 없도록 한다.
- 몸에 힘이 넘치게 한다.
- 명성을 떨치게 한다.
- 살림살이를 늘게 한다.
- 친한 벗을 늘게 한다.
- 제자를 늘게 한다.
- 청정하게 계를 지키게 한다.
- 부처님의 설법을 많이 듣게 한다.
- 지혜로운 보시를 많이 하게 한다.
- 오묘한 선정에 들게 한다.
- 참는 힘(인욕)을 늘게 한다.
- 방편을 늘게 한다.
- 깨달음으로 이끄는 진리의 광명을 키워준다.
- 대승의 바른길에 나아가게 한다.

- 진리에 대한 지혜를 키워준다.

- 중생을 성숙시키는 일을 도와준다.

- 대자대비를 키워준다.

- 일체의 선법을 키워준다.

- 부처님의 명호가 삼계에 두루 가득 차게 한다.

- 가르침의 비(법우法雨)가 삼계를 빠짐없이 적시게 한다.

- 모든 대지의 정기와 자양분을 키워준다.

- 일체중생이 일을 성취하도록 정기를 키워준다.

- 모든 지혜를 힘 있고 예리하게 하여 번뇌의 적을 처부순다.

- 모든 티끌 번뇌를 씻어주며 전쟁이 치성한 시대를 끝낸다.

- 흐리고 악한 뜻을 맑게 한다.

- 오염된 땅과 물과 바람을 맑게 해준다.

- 흐리고 나쁜 맛을 맑게 해준다.

- 흐리고 나쁜 기운을 맑게 해준다.

- 모든 소원을 충족시켜준다.

- 모든 농사가 잘되게 한다.

　다라니나 경전을 독송하는 동안에는 그 글자의 뜻을 헤아리기보다는 아무런 생각 없이 오로지 글자와 하나가 되어야 한다. 말과 글은 한계가 있다. 모든 뜻을 담을 수 없다. 경전 공부를 할 때는 한 글자 한 글자 그 뜻을 파악해야 하지만, 경전 독송할 때는 그 뜻을 헤아릴 것이 아니라 한 글자 한 글자에 집중하여 잡생각을 일으키지 않아야 한다.

몸으로 짓는 업, 입으로 짓는 업, 생각으로 짓는 업 가운데 제일 조절하기 힘든 업이 생각으로 짓는 업이다. 염주를 돌리는 손(신업), 다라니를 독송하는 입(구업), 다라니 소리나 지장보살에 집중하는 마음(의업), 신구의 삼업이 하나가 되어야 한다.

'지장보살, 지장보살, 지장보살' 염불도 마찬가지다. 신구의 삼업이 지장보살과 하나가 되어야 한다. 그렇게 일심으로 삼업이 지극하게 되면, 생각하는 그 이상으로 지장보살의 가피는 다가와 있다. 츰부다라니를 비롯한 모든 경전 말씀도 그렇다. 일심으로 독경하다 보면, 이전에 알고 있던 것 이상으로 경전의 진실한 뜻이 드러난다.

17

다라니 번역에 대한 여러 견해

명주明呪(밝은 주문), 다라니, 진언眞言(참된 말씀) 등은 비슷한 의미로 사용되는 말이다.

다라니는 총지總持, 능지能持, 능차能遮 등으로 번역한다. 짤막한 말속에 많은 의미가 있다. 다라니는 본래 '긴 경전에 있는 근본 원리를 짧게 요약한 글귀'를 의미했다. 그리하여 경전을 기억하는 데 도움을 주는 역할이었다. 그러다가 암송하는 구절이 신비한 힘을 갖는 진언으로 전개되었다. 총지, 능지, 능차의 뜻은 다음과 같다. 한량없이 깊고 많은 뜻을 간직하며(총지), 선법을 능히 가지고(능지), 갖가지 악법을 막아주고 물리친다(능차).

'즘부다라니'처럼 긴 구절은 다라니, '멸정업진언'의 '옴 바라 마니 다니 사바하'처럼 몇 구절은 진언, '옴'처럼 한두 자는 주呪라고 한다.

그러나 다라니, 진언, 주문 등을 구분 없이 거의 동의어로 사용한다.

그런데 왜 진언이나 다라니는 뜻으로 풀이해 번역하지 않을까?

그 옛날 인도에서 중국으로 불교가 들어왔을 때, 인도어로 된 경전은 중국어로 번역됐다. 그때 몇 가지 번역의 기준이 정해졌다. 그 가운데 당나라 현장 스님의 오종불번五種不飜(번역하지 않고 음사하는 다섯 가지 경우)이 있다. 다음과 같다.

첫째, 비밀스러운 경우다. 다라니가 그렇다. 다라니 또는 진언은 간단한 말에 갖가지 심오한 의미를 담고 있다. 단순하게 드러난 말의 뜻만 해석하면 의미가 없을 뿐만 아니라 오히려 진실한 뜻을 훼손하게 되므로 번역하지 않고 인도어 그대로 음사(음역)한다.

둘째, 많은 뜻을 포함하는 경우다. 가령 비구가 그렇다. 비구에는 걸식하는 자, 번뇌를 부순 자, 마구니를 두렵게 하는 자 등의 뜻이 있다. 그런데 만약 비구를 걸사乞士라고만 번역하면 다른 뜻이 드러나지 않고 그 말을 왜곡할 수 있다.

셋째, 중국에 없는 것을 말하는 경우다. 사위성, 마가다국, 염부수閻浮樹가 그렇다. 그중 염부수는 인도에 자라는 '염부'라는 나무다. 인도어로 '잠부'다. 중국에 없는 식물이므로 한자로 음사했는데, 한국의 한자 음으로 읽다 보니 염부가 되었다. 참고로 우리가 사는 곳을 남염부제 또는 남섬부주라고 한다. '염부(잠부)라는 나무가 자라는 남쪽에 있는 땅'이라는 말이다.

넷째, 과거에 그렇게 번역한 경우다. 아뇩다라삼먁삼보리와 같은 경우다. 이는 무상정등정각無上正等正覺(위없고 바르고 진리와 동등한 바른 깨달음)으로 번역할 수 있지만, 이전부터 음역을 쓰고 있기 때문에 관습에 따른다.

다섯째, 좋고 훌륭한(선善) 뜻을 일으키는 경우다. 반야가 그렇다. 반야를 지혜라고 번역할 경우, 세간의 지혜나 지식처럼 느껴져 그 뜻이 가볍게 들릴 수 있다. 반야라고 음역함으로써 말이나 생각으로 헤아릴 수 없는, 뛰어난 지혜라는 존중의 뜻을 지닌다.

위의 예시를 통해 부처님 말씀을 함부로 전하지 않고자 했던 옛 스승들의 마음을 느낄 수 있다. 다라니를 번역하지 않는 이유를 설명하다 보니 다른 경우도 함께 언급했다. 그러나 더 생각해보면 다라니를 번역하지 않는 이유는, 첫째 경우뿐만 아니라 나머지 경우도 포함된다고 할 수 있다.

그러므로 다라니를 번역하지 않는 이유를 몇 가지로 정리한다.

첫째, 다라니는 부처님의 높은 차원의 의미를 담은 말씀으로 부처님과 부처님만이 서로 통하고 그 경계에 이르지 못한 이는 해득이 불가능하다.

둘째, 다라니는 한 자 한 자에 수많은 뜻을 포함한다.

셋째, 다라니는 많은 신장과 성현의 이름으로 고유명사다.

넷째, 다라니는 모든 부처님의 비밀스러운 의미를 담고 있는데, 풀이하면 부처님의 위신력을 손상할 수 있다.

다섯째, 불보살님의 위신력이 깃들어 있으므로 지니거나 독송하는 자체에 의미가 있다. 그러므로 풀이하지 않는다.

그런데 이런 문제를 제기하는 사람도 있다. "인도 사람들은 인도어로 된 경전을 독송했기 때문에 그 다라니의 뜻을 알고 독송하지 않았겠는가. 그러니 우리도 뜻을 알고 독송해야 하지 않는가?"

이 문제 제기를 받아들여 오늘날 그 다라니와 진언을 풀이하는 이도 있다. 그들은 "비밀스럽게 여겨왔던 다라니를 해석함으로써 그 뜻을 이해하고 되고, 그렇기에 신심이 더욱 돈독해지는 계기가 될 수 있다."라고 주장한다.

반면에 다라니와 진언 풀이를 우려하는 이도 있다. "다라니를 해석하면, 해석된 그 의미만 있을 뿐, 그때 이미 다라니는 총지임을 멈추게 된다."라고 하거나, "그 뜻을 풀이하면 읽는 이가 갖가지 생각에 휩싸여 오히려 다라니의 신묘한 힘을 그대로 받아들이지 못하게 될 수 있다." 하고 주장한다.

최소한 다라니나 진언은 번역하지 않고 음사한 그대로 읽자는 주장도 있다. 그때에는 시공간을 뛰어넘어 부처님 당시 언어로 부처님과 부처님 제자와 함께 독송하는 시간을 연출할 수 있다. 물론 현재 우리가 독송하는 다라니나 진언은 변형된 우리나라 한자음으로 발음하기에 본래 그 언어의 발음과 차이가 난다.

한편 다라니를 우리식 발음이 아니라 원래 발음으로 독송하자는 주장이 있다. 원래 발음으로 독송할 때, 여러 나라 사람이 같은 소리로 함께 독송하는 장관을 볼 수 있지 않을까 하여 기대가 크다.

18

회향,
한 가지를 버리면
만 가지를 얻는다

"(참회를 하고, 불보살님께 가피를 구하고, 서원을 일으킵니다.) …
또 다음에는 다음과 같이 회향廻向하는 서원을 해야 합니다.

'바라옵건대 제가 닦은 일체의 공덕은 모든 중생을 돕고 이
롭게 하며, 다 함께 부처님의 지혜에 나아가 열반의 성에 이
르게 하옵소서….'"

『점찰선악업보경』

신행생활 가운데 회향은 참으로 중요하다. 법회 마무리 행사를
회향식이라고 한다. 그 회향의 내용을 담당하는 찬불가 또는 게송
이 바로 〈사홍서원〉이다. '중생을 다 건지오리다. 번뇌를 다 끊어오
리다. 법문을 다 배우오리다. 불도를 다 이루오리다.'라는 내용이

다. 이 〈사홍서원〉은 모든 수행의 공덕을 회향하고자 하는 서원이다. 회향을 통해 보살의 모든 행위는 원만하게 된다.

　　"다시 또 지장이여, 미래세에 만약 선남자 선여인이 부처님 법 가운데 심은 선근으로, 혹은 보시하고 공양하며, 혹은 탑과 절을 보수하며, 혹은 경전을 장식하는 등 나아가 털 하나, 티끌 한 개, 모래 한 알, 물 한 방울 만큼의 착한 일이라도 다만 법계에 회향하면, 이 사람의 공덕은 백천 생 동안 최상의 묘한 즐거움을 받는다. 자기 집 권속에게만 회향하거나 자기 자신에게만 이익되게 하면, 이와 같은 과보는 곧 3생의 즐거움만 받는다. 하나를 버리면 만 가지의 과보를 얻는다."

『지장경』 제10품 「교량보시공덕연품」

　자신 혹은 자신과 가까운 이를 위한 기도로 시작했는지는 모르지만, 시간이 지남에 따라, 또한 기도가 여러 차례 진행됨에 따라 그 공덕을 함께 나누고자 하는 마음이 강해진다. 어떤 경우 이미 회향하고자 하는 마음을 갖고 기도를 시작한다.

　회향은 회전취향回轉趣向으로 '~을 돌려서 ~에 향함(나아감)'이란 뜻이다. 기도 공덕, 수행 공덕 등 여러 공덕을 다른 곳으로 돌린다는 의미다. 법계法界는 부처님의 세계, 진여의 세계를 말하기도 하고, 지금 우리가 사는 이 세상을 말하기도 한다. 법계에 회향한다는

▲ 양산 통도사 명부전의 지장보살상

말은, 중생 세계에 회향한다는 말이자 부처님 세계(진여, 진리)에 회향한다는 말이다.

『지장경』의 말씀에 의하면, 공덕을 법계에 회향하면 백천 생 동안 최상의 묘한 즐거움을 받지만, 자기나 권속만을 이익되게 하면 3생의 즐거움만 받는다.

회향삼처廻向三處라는 말이 있다. 모든 회향은 세 곳으로 향한다. 세 곳은 각각 중생, 보리(깨달음), 실제實際(부처님 세계)이다. 각각 중생회향, 보리회향, 실제회향이다.

중생회향은 자기가 지은 선근 공덕을 다른 중생에게 돌려 이익을 주고자 하는 마음과 행동이다. 보리회향은 자기가 지은 선근 공덕에 대한 깨달음(보리)을 이루고자 하는 마음과 행동이다. 실제회향은 자신이 지은 선근 공덕을 부처님 세계에 함께하고자 하는 마음과 행동이다.

그런데 세 곳의 회향은 서로 다른 것이 아니다. 선근을 돌려 중생에게 향하는 것은, 함께 보리를 얻고 평등하고 여실한 법의 성품을 구하기 위한 것이다. 보리에 향하는 것은, 혼자만의 깨달음이 아니라 중생과 함께 평등하고 여실한 법의 성품을 구하기 위한 것이다. 부처님 세계에 향하는 것은, 혼자만의 고요를 구하는 것이 아니라 모든 중생과 함께 깨달음을 얻고 불국토로 나아가기 위한 것이다.

회향은 끝을 의미하지 않는다. 지난 모든 공덕을 모두에게 돌려 함께 원만하게 완성하고자 새로운 시작을 하는 다짐이다. 끝이 아니라 새로운 시작이다.

19

어떻게
지장기도를
할 것인가

『지장경』에는 지장보살의 가피를 구하는 여러 가지 방편을 제시한다. 가피를 구하게 되는 계기를 생략하고 기도 방법만 정리하면 다음과 같다.

- 지장보살 명호를 듣거나 합장하거나 찬탄하거나 절을 하거나 간절히 그리워한다.
- 지장보살 형상을 그리거나 조성하여 한 번 보고 한 번 절한다.
- 지장보살 형상에 공양을 올린다.
- 지장보살 형상에 지극한 마음으로 밥 한 끼 먹을 시간이라도 우러러 절을 한다.
- 지장보살 형상에 연주 노래로 찬탄하거나 공양을 올린다.

• 불보살님 형상 앞에서『지장경』을 한 번 읽고, 혹은 사찰 불사에 참여한다.

•『지장경』을 독송하거나 찬탄하거나 공경한다.

• 불보살님 형상 앞에서『지장경』을 독송하거나 다른 사람에게 읽게 하여 세 번 혹은 일곱 번에 이른다.

• 지장보살 형상에 우러러 절하며 7일 동안 보살의 명호를 1만 번 외운다.

• 7일 안에『지장경』을 읽고, 다시 지장보살의 명호를 외워서 1만 번을 채운다.

• 십재일마다『지장경』을 한 번씩 독송한다.

• 7일까지 지장보살 형상에 절을 하고 공양 올리고, 다시 21일 동안 절을 하고 명호를 1만 번 외우고, 다시 날마다 지장보살을 생각하며 그 명호를 1000번씩 1000일 동안 외운다.

• 지장보살 명호를 듣거나 형상을 보고 지극한 마음으로 공경하고 외워서 1만 번을 채운다.

지장보살에 가피를 구하는 기도 방법을 정리하면, 지장보살 형상 조성, 찬탄, 공양, 예배(절), 염불(명호 외움),『지장경』독송, 사찰 불사 동참, 보시 등이다.

이러한 내용을 바탕으로 사찰 혹은 개인이 지장기도법을 구성하여 진행한다. 일상생활에서 할 수 있는 지장기도법을 예시해보자.

① 삼배 ─────────────┐

② 삼귀의   │

③ 『지장경』 독송   │

④ 지장보살 정근   │

⑤ 발원   │

⑥ 〈사홍서원〉   │

⑦ 삼배 ─────────────┘

예를 든 기도법을 좀 더 살펴보자.

① 삼배

불단 또는 특정 방향을 향하여 불법승 삼보에 예를 갖춘다.

② 삼귀의

앞의 삼배로 삼귀의를 대신할 수 있다.

　　거룩한 부처님께 귀의합니다.

　　거룩한 가르침에 귀의합니다.

　　거룩한 스님들께 귀의합니다.

③ 『지장경』 독송

여건에 따라 『지장경』 전체를 독송하거나 몇 품을 나누어 독송
한다.

④ 지장보살 정근

지장보살 명호를 외우면서 절을 함께할 수도 있다.

나무 남방화주 대원본존 지장보살

지장보살, 지장보살, 지장보살

…

지장보살 멸정업진언

옴 바라 마니다니 사바하 (3회)

지장대성위신력   地藏大聖威神力

항하사겁설난진   恒河沙劫說難盡

견문첨례일념간   見聞瞻禮一念間

이익인천무량사   利益人天無量事

고아일심귀명정례   故我一心歸命頂禮

지장보살 위신력은

오랜 세월 말해도 다 할 수 없네.

보고 듣고 우러러 절하는 순간에도
인간과 하늘에 이익됨이 한량없으니
지극한 마음으로 귀의하고 절합니다.

⑤ 발원

발원하고자 하는 내용을 간단하게 말하거나 생각하거나, 혹은 발원문을 작성하여 읽는다. 발원문에 들어갈 내용은 찬탄, 참회, 발원, 회향이 기본이다. 다음은 발원문의 예시이다.

"대원본존 지장보살이시여! 보살님의 원력은 위없이 높고 깊습니다. 어리석고 욕심내어 지난날 지은 모든 잘못을 참회합니다. 지혜가 부족하고 쌓은 복덕도 많지 않아서 하는 일이 힘듭니다. (발원 내용 언급) 대원본존 지장보살이시여! 자비를 베푸소서. 보살님의 가피로 보살도를 행하는 불자가 되겠습니다."

⑥ 〈사홍서원〉

끝으로 삼배하여 〈사홍서원〉을 대신할 수 있다.

중생을 다 건지오리다.
번뇌를 다 끊어오리다.

법문을 다 배우오리다.

불도를 다 이루오리다.

⑦ 삼배

지장보살을 비롯한 모든 불보살님께 감사하며 세 번 절을 한다.

이러한 순서와 내용을 여건에 맞게 조절하여 지장기도를 한다. 독송, 염불, 절 가운데 어느 것을 중심으로 할지, 모두 할지, 두 가지나 한 가지를 할지 등을 정한다. 독송 범위, 염불 횟수 또는 시간, 절 횟수 또는 시간을 정한다. 기도 기간을 매일, 7일, 21일, 30일, 49일, 100일, 1000일로 할지 등등을 정한다.

같은 장소 같은 시간에 기도하는 것이 좋다. 그렇지만 사회생활을 하면서 그렇게 기도하기는 쉽지 않다. 같은 장소, 같은 시간이 힘들면 언제 어디서라도 계획한 기도는 꼭 하도록 한다.

기간을 정해서 기도하더라도 갑자기 일이 생길 수 있다. 그때는 간단하게 삼배 혹은 지장보살 명호를 몇 차례 외우는 것으로 대신한다. 본의 아니게 한 번 빠지게 되면, 이후 기도 자체를 포기하는 경우가 많다. 기도 자체를 포기하는 것보다는 간단하게 기도하며 계획한 기도 기간을 채우는 것이 좋다. 다소 부족한 기도이지만 기간을 채우면, 그 자체로 기도를 했다는 기쁨을 누릴 수 있다. 이 기쁨으로 다음 기도를 이어나가게 된다.

기도 중에 보시 공양도 함께한다. 매일 기도할 때마다, 매일 일정한 보시금을 적립한다. 기도 기간이 끝나고 적립한 보시금을 사찰 보시함에 넣거나 불사에 참여하거나 혹은 사회복지단체 등에 기부한다.

참고문헌

1. 원전

시호 스님 역, 『불설대집법문경』, 대정장1.

불타야사 · 축불념 스님 공역, 『잡아함경』, 대정장2.

구담승가제바 스님 역, 『장아함경』, 대정장2.

길가야 · 담요 스님 공역, 『잡보장경』, 대정장4.

구마라집 스님 역, 『금강반야바라밀경』, 대정장8.

구마라집 스님 역, 『마하반야바라밀경』(『팔천송반야경』), 대정장8.

구마라집 스님 역, 『묘법연화경』, 대정장9.

실차난타 스님 역, 『대방광불화엄경(80권)』, 대정장10.

현장 스님 역, 『대승대집지장십륜경』, 대정장13.

실차난타 스님 역, 『지장보살본원경』, 대정장13.

구마라집 스님 역, 『유마힐소설경』, 대정장14.

축법호 스님 역, 『미륵하생경』, 대정장14.

보리유지 스님 역, 『입능가경』, 대정장16.

가섭마등 · 축법란 스님 공역, 『사십이장경』, 대정장17.

보리등 스님 역, 『점찰선악업보경』, 대정장17.

가범달마 스님 역, 『천수천안관세음보살광대원만무애대비심다라니경』, 대정장20.

의정 스님 역, 『근본설일체유부비나야잡사』, 대정장24.

용수보살 저, 『대지도론』, 대정장25.

세친보살 저, 『아비달마구사론』, 대정장27.

세친보살 저, 『유식이십론』, 대정장31.

역자 미상, 『나선비구경』, 대정장32.

원측 스님 저, 『해심밀경소』, 한국불교전서1.

원효 스님 저, 『금강삼매경론』, 한국불교전서1.

서산 스님 저, 『선가귀감』, 한국불교전서7.

종보 스님 편, 『육조대사법보단경』, 대정장48.

도세 스님 편, 『법원주림』, 대정장53.

2. 번역서 및 저서

광덕 스님 역, 『지장경』, 불광출판사, 2004.

무비 스님 편저, 『지장경 강의』, 불광출판사, 2001.

정현 스님 저, 『지장경을 읽는 즐거움』, 민족사, 2017.

학담 스님 편역, 『지장보살본원경』, 큰수레, 2008.

김현준 저, 『지장신앙 지장기도법』, 효림, 2003.

무통 스님 편저, 『지장보살신앙 연구』, 해조음, 2012.

채인환 스님 외 저, 『현대사회에 있어서 지장신앙의 재조명』, 운주사, 1991.

장총 저, 김진무 역, 『지장 I』, 동국대출판부, 2009.

목경찬 저, 『부처님께 다가가는 방법』, 조계종출판사, 2010.

목경찬 저, 『사찰, 어느 것도 그냥 있는 것이 아니다』, 조계종출판사, 2008.

목경찬 저, 『정토, 이야기로 보다』, 담앤북스, 2020.

목경찬 저, 『관음신앙, 33개의 나침반』, 담앤북스, 2020.

윤영해 저, 『천수경과 기도영험』, 불교시대사, 2015.

자현 스님 저, 『불화의 비밀』, 조계종출판사, 2017.

정각 스님 저, 『천수경 연구』, 운주사, 1996.

대한불교조계종 교육원 불학연구소 저, 『절수행입문』, 조계종출판사, 2006.

대한불교조계종 교육원 불학연구소 저, 『염불수행입문』, 조계종출판사, 2007.

지장보살, 원력에 스며들다

초판 1쇄 발행 2021년 8월 22일

지은이   목경찬

펴낸이   오세룡
편집   유나리 전태영 손미숙 박성화
기획   최은영 곽은영 김희재 진달래
디자인   김효선 고혜정 장혜정
홍보·마케팅   이주하

펴낸곳   담앤북스
          서울특별시 종로구 새문안로3길 23 경희궁의 아침 4단지 805호
          대표전화 02)765-1251, 765-1250(편집부)
          전송 02)764-1251
          전자우편 damnbooks@hanmail.net
          출판등록 제300-2011-115호

ISBN   979-11-6201-316-8 (03220)

정가 14,500원